日本が消える日

ここまで進んだ中国の日本侵略

産経新聞 論説副委員長
佐々木 類
Rui Sasaki

ハート出版

日本が消える日

はじめに　――秘かに進む日本占領計画

世界は米国と中国の2極対立の時代に突入した。制裁の応酬が続く貿易摩擦は、もはや熱を帯びた戦争と言ってよい。「世界経済に与える景気の減速要因」といった景気判断の範疇におけるレベルは、とうに超えている。その核心は、互いの強大な核戦力を背景にしたヘゲモニー（覇権）争いにほかならない。

陸海空に加え、宇宙、サイバー、電磁波という新たな空間における主導権を握った者こそ、これからの世界を支配するといっても過言ではなかろう。パクス・アメリカーナ（アメリカによる平和）は終焉を迎えるのか。不死鳥のように復活を遂げるのか。

自由と民主主義、基本的人権に共通の価値観を見出してきた戦後のわれわれ日本人は、中国独自の価値観に基づく新たな国際秩序として台頭してきたパクス・シニカ（中国による平和）に耐えられるだろうか。パクス・シニカ、それをデフォルメして言うならば、「自分のモノは自分のモノ、他人のモノも自分のモノ」という代物《しろもの》だ。知的財産を平気で盗み、貿易で不正を働くのが当然だという世界観である。

21世紀、ゲームチェンジャーとして現われた巨龍・中国は、あらゆる分野で米国に挑み、周辺諸国に恐怖を植えつけてきた。習近平国家主席は「中国夢」を掲げ、清朝以来の版図復活を目論《もくろ》んでいる。それでは足りぬとばかり、世界第2位となった巨大な経済力を背景に「一帯一路」を推し進める。途上国への返済不能な巨額融資は「債務の罠《わな》」と呼ばれ、人民元で途上国首脳の横面を張ったり、賄賂漬《わいろづ》けにしたりと、その手口は年々エスカレートしている。返済不能と見るや重要港湾や空港、電力施設などインフラを借金のカタに押さえにかかるあくどさだ。

これに待ったをかけ、総力戦を仕掛けているのがトランプ大統領の率いるアメリカである。2018(平成30)年10月のペンス副大統領の演説はまさに、銃を使わぬ中国への宣戦布告である。正副大統領が対中政策で硬軟を使い分けているが、これらは共和党、民主党の総意であることを認識する必要がある。ツイッターを駆使し、時には軽いノリで、時には本気でつぶやくトランプ大統領の強すぎる個性のために見えにくくなっているが、銃を使わぬ中国への宣戦布告、それが米国の総意なのである。

米国は2018年8月、2019会計年度の国防権限法(National Defense Authorization Act)に盛り込む形で、ECRA《エクラ》(Export Control Reform Act)を成立させている。ECRAは、関税引き上げによる制裁と並び、中国を表舞台から引きずり下ろす「車の両輪」と位置づけてもよかろう。新COCOM《ココム》とも言うべき対共産圏輸出規制により、国防上危険と考えられる国、すなわち中国に対して米国の兵器転用技術や先端技術を輸出できなくする法律なのである。

米国の本気度が伺えるのは、規制の対象としたのが、バイオテクノロジーや人工知能など、中国が国家発展のための開発目標としている「中国製造２０２５」に指定されている分野と、ほぼ同じであるという点だ。米国はこの国防権限法で、これまで定義されていなかった先端技術なども国家の安全保障に関わるものと定義した。先端技術企業やインフラへの投資を規制する外国投資リスク審査現代化法（ＦＩＲＭＭＡ《ファーマ》）とともに、中国への先端技術流出を防ぐ法律でもあるのだ。

これ以上、中国に先端技術を渡さない――という、米議会の強い意思の表れである。

わが国も他人ごとではない。中国への再輸出や移転が原則禁止となる中、中国企業との共同開発や産学協同の技術開発のあり方を見直していかなければ、ＥＣＲＡ違反による制裁対象となる可能性が否定できないからだ。

留学生30万人計画だとか、高度技能労働者などといって、外国人、とりわけ中国人をどんどん受け入れてきた日本政府は、米国のおかげで、こうした事実上の移民政策を見直さざるを得なくなるだろう。在留中国人は２０２０（令和２）年以降、あっという間に１００万人を突破すると見られている。北海道を１千万人の中国人で満たすという驚愕の乗っ取り計画が公然と中国人の口で語られるところまで、危機は迫っているのである。

地方活性化などと浮かれている場合ではないのだ。同盟国であり、核の傘という紛れもない庇護下にある日本が、米国への敵対的な行動をとって良かろうはずがない。つまり、意図しなくても結果として軍事転用されかねない物資の再輸出に手を貸してはならないのだ。ＥＣＲＡは日本自身に、中国とどう間合いを取るのか、今後の身の振り方を突きつけてもいる。

その中国は、北は北海道、南は南西諸島と、潤沢なチャイナマネーを使って日本列島を挟み撃ちするかのように侵食し始めているのである。札幌市の中心街には街の活性化を口実に、新中華街構想が浮上している。在京中国大使館や総領事館が後押ししていることが分かっているが、実際にだれが主導しているのか、札幌市も再開発組合も積極的に明らかにしようとしないのは不自然だ。

本書では、北極海航路の玄関口である北海道釧路市と、道内ではカジノを含む統合型リゾート施設（ＩＲ）の有力候補地となっている苫小牧《とまこまい》市、そして中華街構想が現実化しつつある札幌市を取り上げた。

だが、それだけではない。北海道は東京ドーム１千個分を超える土地が合法的に買収され、中国による人的・経済的進出の拠点化が進められている。このあたりのことは、筆者の先輩でもある産経新聞編集委員の宮本雅史記者が現地をたびたび訪れて取材し、『爆買いされる日本の領土』（角川書店）でその実態を克明に報告している。

宮本氏とともに、こうした事実に警鐘を鳴らし続けている元北海道道議会議員の小野寺まさる氏の報告によると、道東では、釧路市に隣接し、中国語教育が盛んな白糠《しらぬか》町、帯広市のほか、占冠《しむかっぷ》村の「星野リゾート トマム」が中国企業に買収された一件、中国人専用のゴルフ場がある喜茂別《きもべつ》町、２００８（平成20）年7月にG8サミット（主要国首脳会議）が開かれた高級リゾート地の洞爺《とうや》湖、その周辺の伊達《だて》市、村ごと買収された平取《びらとり》町など、数え上げればキリがないほど、中国資本が道内を席巻しているのだという。

筆者は今回、すでに知られた中国資本による土地の爆買い問題ではなく、医療費のタダ乗りや孔子学院による、社会保障や文化面で起きている「目に見えない侵略」にも重さを置いた取材と執筆を心がけた。

土地の爆買いはもちろん、一帯一路の拠点化、その他、ハード・ソフト両面にわたる中国の侵略は進行形である。むしろ、融和に傾く安倍政権の追い風に乗り、その勢いは加速していると見た方が良い。彼らの本当の狙いがどこにあるのか、われわれにはそれを見極める眼力が求められているのである。

チャイナマネーは容赦ない。北海道における東の玄関口である釧路市や、新千歳空港に隣接した安全保障上の重要港湾を持つ苫小牧市にも触手を伸ばす、その入れ込みようは尋常ではない。

また、大阪市西成《にしなり》区にも中華街構想が浮上している。西成は日雇い労働者の街として知られているが、中華街とは縁もゆかりもないこの街に中国資本が大量に投下されようとしているのである。中国人女性が接客するカラオケ居酒屋がひしめいているとはいえ、そこに中華門をつくって何をしたいのか。元々中国大陸出身の人が居住し、手づくりで立ち上げてきた横浜の中華街や神戸・南京《ナンキン》中華街とは明らかにその成り立ちを異にする。街の活性化を否定するつもりは毛頭ない。だが、共産党独裁国家に純粋な民間企業があるはずがない。巨額マネーが動くときは常に、中国共産党が背後にいることに留意しなければ、取り返しのつかないことになりかねない。

外交や安全保障とともに、事実上解禁された移民政策での過《あやま》ちはあってはならないのである。世界には、繁栄した民族が政策の間違いで消滅した例が無数にあることを想起したい。

奄美《あまみ》大島にたびたび浮上した大型クルーズ船の寄港問題は、いったん白紙に戻った。最大6千人近い中国人客を乗せた船が、わずか35人の集落に来るというのだから、リゾート地としても、始めから無理筋だったのである。話を進めた大型クルーズ船の地域会社の社長は、中国共産党政権に近い中国人である。この大型クルーズ船の寄港問題が、陸上自衛隊基地を新設する計画が持ち上がったのと同じタイミングで出てきたのは、いかにも不自然だ。

北海道や南西諸島だけではない。首都圏に点在するチャイナ団地が「線」となり、新たなチャイナ団地とつながって「面」になろうとしている。東京・池袋の一部繁華街は、地元の飲食店主によれば、中国人の移民だらけで伏魔殿化してしまったという。

海外からの技能実習生や留学生は所在不明となり、不法就労に手を染める。保険料と税金で成り立つ医療保険はタダ乗りされ、出産育児一時金もだまし取られ放題というわが国の医療制度は音を立てて崩れつつあるのが現状だ。盲点をつかれるのは医療制度ばかりでなく、イチゴやブドウといった種苗のほか、和牛遺伝子からラーメンのチェーン店までもが、知的財産権の侵害という形で、中国人ら不当な外国人に、いいように利用されているのである。
米国やカナダでは、中国共産党のプロパガンダ機関、文化スパイ機関として捜査対象となり、閉鎖が相次いでいる孔子学院だが、わが国では、その運営方法や授業内容が監督官庁の文部科学省や国会で何ら問われることなく、経営を続けている。早稲田や立命館に続けとばかり、周回遅れの山梨学院大にいたっては、閉鎖どころか新設するほどだ。条件つきながら一帯一路への支援を表明した日本政府も、周回遅れという意味ではこれら大学と変わりがないが、世界の潮流に逆行しているのは明らかだ。

本書では、山梨学院大の問題について、同大学の付属高校OGで、自民党衆院議員の宮川典子氏に話を聞いた。読者もご存じのことと思うが、宮川議員は今年9月12日、40歳という若さで急逝された。5月下旬にインタビューした際、とても元気に、熱っぽく、この問題について語ってくれた氏の訃報に接し、愕然とした。

宮川氏は亡くなったが、教育にかける、あの熱い思いは、読者のみなさまにそのまま伝える必要があると判断した。筆者と見解は違うものの、それこそが、宮川氏に対するレクイエムになると信じるからだし、彼女自身の意向でもあると確信するからだ。第三章では、インタビューした当時の模様を克明に再現しつつ、わが国の行く末を亡き宮川氏とともに考えていく。

中国由来の侵略は、わが国の養豚業にも大きなダメージを与えている。豚《とん》コレラウイルスである。遺伝子型から、中国人が感染源とみて間違いなかろう。その中国人らがソーセージやハムを母国から持ち帰って残飯《ざんぱん》として廃棄し、それを食べた野生イノシシが感染拡大する、その破壊力はまさにバイオテロと言っていい。感染は岐阜、愛知、三重、長野、富山、福井の各県から、とうとう関東にまで拡大した。豚コレラはワクチンがあるが、中国本土を中心に爆発的な感染をみせているアフリカ豚コレラはワクチンがなく、まさに、中国が振りまくウイルスの一帯一路である。

尖閣諸島に対する中国公船の挑発や、空母・遼寧の太平洋での示威活動、中国軍機の領空侵犯などは目につきやすい。だが、これと同時に気をつけねばならないのが、目に見えない侵略なのである。音を立てずに忍び寄り、標的を確実に倒すソフトキルという手法でもある。敵を欺《あざむ》き騙《だま》すことを軍事戦略上の上位に置く毛沢東の指南がベースになっている。

中国は1949（昭和24）年の共産党政権による建国から100年を迎える2049（令和31）年までに、米国にとって代わり世界の覇権を握る「100年戦略」を持っているとされる。戦前、米国の対日侵攻50年戦略として知られた「オレンジ計画」の中国版だ。その可能性が予想外の早さで高まっているのをいいことに、極秘であるはずの「中国主導の新世界秩序」を口外する中国人学者も出始めている。

中国が経済発展を遂げれば西側諸国のような穏健な民主国家になるから、経済支援をして積極的に関わっていく必要がある――という米国や歴代自民党政権の考え方が、まったくの間違いであったことが、ようやく証明されてきた。覇権は目指さないという中国共産党の歴代幹部の言うことを信じ、資金も技術も欲しがるだけ提供し続けた結果、とんでもないモンスターが出来上がってしまったのが、今の国際社会の現状なのである。

世界覇権への野心を隠そうとせず、外国人労働者や留学生、その家族という形で公然と人口圧力をかけてくる姿は、日本侵攻を想定した米国のオレンジ計画のように、日本占領計画の存在すら想起させる。

2049年までに中国経済は米国経済をはるかに凌《しの》ぎ、世界は共産党独裁国家・中国をリーダーとする単極になるとの予測もある。米中2極論やインドを加えた3極論を予測する欧米のシンクタンクもあるが、いずれも米国がクリントン政権やオバマ政権時代のように、手をこまねいていた場合の話であろう。

戦後、連合国軍最高司令官総司令部（GHQ）の洗脳工作で自らの国を自らの手で守ることを忘れた日本人は、憲法ひとつ改正できぬ思考停止に陥ったままだ。一方で自らの金儲けばかりを考え、国の平和と安全について真剣に考えようとせず、惰眠をむさぼってきた。

不都合な真実から目をそむける「ダチョウの平和」がいつまでも続くとは限らない。今も香港《ホンコン》で続く民主化デモは、近未来の日本の姿でないと、だれが断言できるだろうか。

本書を執筆している今まさに、北海道大学で中国を専門とする教授が、中国を訪問したまま消息を絶っている。1カ月前、家族に電話で「体調が良くないから中国滞在が長引く」と言い残したまま所在不明という。

研究のため訪中するたびに尾行がつき、盗聴されていることを心配していた。日本国内にいても、たびたび不審な電話があったという。この場ではつまびらかにできないが、筆者は彼から直接それを聞いている。

かつて警視庁で経済事件や公安事件を担当していた筆者の推測に過ぎないが、日本国内でも彼の動静は、中国大使館のみならず、さまざまな方面から注目されていたのは間違いなかろう。平穏な日常生活に身をやつしていると、独裁国家と関わることがどういうことなのか、そこに深い闇が広がっていることには気づきにくいものである。教授の無事帰国を祈るばかりだ。

本書は、拙著『静かなる日本侵略』（ハート出版）を上梓した後、さらに深刻さを増す移民国家・日本の現状を、一部は深掘りし、一部は目を新たな領域に転じた警世の書だと自負している。念のために書き記しておきたいのは、筆者は何も、むやみやたらと中国共産党を敵視せよと言っているわけでもないし、一般の善良な中国人に気をつけろ——などと言っているわけでもないということだ。日本や欧米なみに民主化した中国との友好親善は、心底願うところでもある。皇室を戴《いただ》き、世界で最も古い国・日本の伝統と歴史を守るために、相手がだれであっても言うべき事は言い、脇を締めるところは脇を締めるべきだと言っているだけである。

本書が、子や孫の世代にツケを回さぬための一助となれば望外の喜びである。

日本が消える日

もくじ

第四章

外国人にタダ乗りされる日本の医療制度

第五章 **日本を席巻する「バイオテロ」**

豚コレラ、ついに関東上陸！
決定的だった遺伝子「2・1型」
中国人が持ち込む〝生物兵器〟
ウイルスの一帯一路
日本の防疫態勢は大丈夫なのか
検疫の最前線で戦うビーグル犬
軍も研究したバイオ兵器

第六章 **強奪される日本の知的財産**

中国・海南島に和牛牧場
遺伝資源を守るための法整備を急げ
カーリング女子と盗まれたイチゴ
博多ラーメン「一蘭」を完全コピー
騙される方が悪い？
ここまでやるか！ 韓国のパクリ戦術
国家技術の最高機密が盗まれる

218

194

第一章　目に見えない中国の日本侵略

札幌のど真ん中にチャイナビル

北海道の中心都市、札幌――。北の玄関口として栄えたこの街も今や、少子高齢化の波が押し寄せ、生き残りをかけて必至の街おこしに取り組んでいる。それが吉と出れば良いのだが、相手が相手だけに、そうは問屋が卸しそうにない。

ＪＲ札幌駅から南へ徒歩で約10分。大通《おおどおり》公園を抜けたところに北海道随一の歓楽街・すすきのがある。その一角にあるのが狸小路《たぬきこうじ》商店街だ。新しくできた路面電車の停留所前の一等地に今、熱い視線が注がれている。

なぜならそこに、中華街構想が持ち上がっているからだ。人呼んで、「チャイナビル」の登場だ。このビルは、市の南北を貫く札幌駅前通りと、市内有数の商店街である狸小路の交差点にある。

札幌市などによると、住所は札幌市中央区南2条西3丁目で「南2西3南西地区第1種市街地再開発事業」名で再開発中である。総事業費約241億円。国と札幌市が再開発事業認定に伴い62億円を補助する。

サンデパートビルに入っていたドン・キホーテ札幌店や時計宝石のダイヤモンド商会が4月中に閉店したのを受け、同ビルをはじめ北洋札幌南ビル（旧北海道拓殖銀行札幌南ビル）、Kビル、MK2・3ビルなど7棟を解体した。この地区は、土地が細分化され、老朽化した中小商店の建物が肩を寄せ合うようにぎっしり並ぶ。それらが更新時期を迎えたことから、再開発事業が始まった。

地元紙などによると、解体作業は、再開発事業の特定業務代行者である佐藤工業（本社・東京都中央区）、岩田地崎建設（同・札幌市中央区）、岩倉建設（同・同）、共同企業体（JV）。同JVは新ビルの建設も行う。解体期間は2019（令和元）年5月まで続き、その後に再開発ビルの建設に着手した。

地上28階、地下2階の高層ビル。事業年度は、2015（平成27）年度から2022（令和4）年度（予定）で、区域面積0・6ヘクタール、延床面積約4万2900平方メートル。

主要用途は商業、業務、共同住宅（133戸）、公共駐輪場となっている。地下から地上6階までが商業・業務フロアで、7階から上がマンション。マンションは、再開発の事業協力者になっている大京（本社・東京都渋谷区）が分譲する。

札幌市によると、再開発により、「街並みと調和した緑豊かで快適な歩行者空間・やすらぎの滞留空間を確保し、札幌駅前通と狸小路の結節点で環状線となった路面電車の停留所と一体となった空間整備・地上と地下を重層的に連結したにぎわい空間を創出」するのだという。

もう6年前のことになるが、地元の地域経済ニュースサイト「リアルエコノミー」（２０１３年11月18日付 電子版）は「狸小路の中華街構想はこれまでの20年間に出ては消え、消えては出るの繰り返しを続けてきたが、再開発ビルが具体化してきたことで、ようやく実現しそうだ。再開発ビルに中華街が入れば起爆剤になると期待される」と好意的に伝えている。当時ですでに20年前だから、竣工予定が２０２２年ということで、この中華街構想は足かけ30年になろうとしているわけだ。

ビルの完成イメージ
（札幌市のホームページより）

この間、中国系企業が札幌市内の高級住宅地に進出して、地元住民とトラブルになったこともある。札幌市内の大倉山ジャンプ競技場や円山公園で知られる札幌市中央区宮の森地区で、民泊騒動が起きたのだ。中国系不動産会社「海潤《ハイルン》」（札幌市）が２０１６（平成28）年2月、宮の森の高級住宅地に3階建てマンション2棟とコンセプトハウス、管理事務所の建設を始め、民泊に反対する住民側と裁判沙汰となった。

会社側の説明では、中国人富裕層向けの物件と言うが、地元住民側によれば、内実は不特定多数の中国人旅行者向け民泊施設として使われるのではないかという。

北海道が危ない！

筆者は2019年になって3度、この街を訪れた。最初は出張で来た2月で、ちょうど雪祭りのシーズンだった。どこもかしこも観光客だらけで、「ここがかき入れ時」とばかり、特設の屋台では売り子の威勢の良い声が北の冬空に響き渡っていた。周囲には、ライトアップされた雪像が大通公園内にところ狭しと林立する。

日本人も少なくないが、アジア系観光客が雪祭りを楽しむ姿が目立つ。中国系のほか、暑い国から来たタイなど東南アジア系と思《おぼ》しき家族連れやカップルが、慣れぬ防寒具に身を包みながら、思い思いに記念撮影したり、談笑するなどしていた。

雪祭り会場から歩いてすぐ近くの狸小路に歩を進める。零下7～8度という寒さのせいか、日本人は地下街に退避しているようで、商店街に日本人の姿はまばらだ。

代わって地上の土産物店の前は、中国人らの家族連れで大賑わいしていた。アーケード内には大きな声の中国語が飛び交い、店の看板が日本語でなければ、まるで中国本土に瞬間移動したような錯覚に陥るほどだ。

そんな街のど真ん中に降って湧いたのが中華街構想だ。札幌市をはじめ、多くの関係者が口を固く閉ざす理由が解《げ》せないのだが、みな一様に中華街構想について、「聞いたことがない」と言う。川田ただひさ札幌市議によると、再開発ビルの地上1階から6階までぶち抜きで、中国系飲食店が軒を連ねる構想が浮上しているのだという。

事実関係を確かめるため、札幌市まちづくり政策局都市計画部に、再開発エリアのテナント誘致について聞いてみた。すると、「中華街構想は現在再開発組合から報告を受けていない。テナントシーリングに関する内容であれば、直接再開発組合に聞いてほしい」という回答だった。

2022年竣工だからまだ先の話とはいえ、国と市が億単位の巨額補助金を出しているのに「知らない」とはどういうことなのか。予算だけつけて組合に丸投げし、「後は知りません」というつもりだとしたら、あまりに無責任である。

札幌市内の建設現場では、通称「チャイナビル」の工事が続く＝2019.8.29、札幌市中央区（※以下、特に記載のない写真は、すべて筆者による撮影）

事は賛否両論、札幌市の先行きを決定づける重要案件で、市民の噂になっている事業である。報告が上がってきていないのなら、なぜ組合に直接確認しないのか。

後になって中華街構想が判明した際、すんなり計画通りに進むとは思えない。

さて、その組合だが、「南2西3南西地区市街地再開発組合」という。電話してみたが、何度かけても組合長は留守だというので、電話に出た人に中華街構想の有無について直接聞いてみた。組合員は、「組合としては聞いていない。個別の商店同士が話し合っているので、組合では分からない」という。

取材に答えると何か不都合なことでもあるのか。部外者の筆者が、中華街構想を頭からダメだと言っているわけではない。もっと透明性を高めた事業にする責任が組合にはある。

何しろ、さきの地元経済紙が報じている通り、狸小路界隈での中華街構想は市民らの反対などで、浮かんでは消え、消えては浮かんできた〝幽霊案件〟なのだ。ただでさえ、北海道は水資源や森林地帯を中国資本に〝爆買い〟されており、合法的に植民地化が進んでいる。中華街の実現で懐《ふところ》が潤《うるお》う関係者らが、札幌市と一体となって、秘かに中華街構想の実現を目指していても不思議ではない。巨額の公金が投入されているということを忘れてはならない。

元北海道道議会議員の小野寺まさる氏は、狸小路の再開発（チャイナ）ビルについて、ツイッターでこうつぶやいている。

「私が札幌に出来るビルを中華ビルと呼ぶのは、最初のコンセプトが中華街だったから。又、この話の中心人物が人民解放軍の元軍人のB氏だということは、狸通り（狸小路）商店街の方なら皆知っている。氏は近くのAビルに会社を構え、市役所幹部が頻繁に出入りしていたのも確認済み」

狸小路商店街の関係者や、地元の事情通と言われる人に何度か電話して取材を試みたが、なしのつぶてである。電話に出てくれた人もいるが、口をそろえて中華街構想も人民解放軍の元軍人B氏のことも知らないという。

中国資本による北海道の土地爆買いなどの問題を追及し、今回の取材で知己を得た小野寺氏が虚言を弄《ろう》しているというのだろうか。あるいは、商店街関係者らが中華街構想についてだれかに口止めをされているのか、実際に知らされていないのか、どうも判然としない。

通常の経済活動であれば、第三者がとやかく言う筋合いではなかろうが、札幌市の繁華街のど真ん中の複合ビル上階の居住エリアに、中国人らを大挙入居させるのではないかという懸念が浮上しているのだ。元から日本に住んでいた中国系の人たちが戦後、焼け跡からつくり上げた共同体の延長として出来あがった横浜や神戸など古くからの中華街とは違い、首都圏や札幌市で見られる新興のチャイナ団地やチャイナタウン化の動きは、外国人労働者として来日する中国人らの拠点として、彼らから期待されているのである。

中華街構想の舞台となっている狸小路商店街
＝ 2019.8.29、札幌市中央区

戦前、日本や欧米列強が中国大陸に租界をつくったのを想起する。清朝末期、日本や欧米列強の進出を嫌い「扶清滅洋」を叫ぶ一派が排外運動を展開した。義和団事件だ。このときは在外自国民保護を大義名分に8カ国連合軍が派兵をしているが、逆のことを考えると背筋が寒くなる。時代は違っても、自国民保護は、主権国家にとって、いつ、いかなるときも、その主張は色あせないものだからである。

中国資本は今も、北海道の原野や過疎の市町村で土地の爆買いを続けている。これは中国共産党と人民解放軍をバックにした中国系企業が、計画的に日本の土地や街を赤く染めていく過程と見ておいた方が良い。何しろ、相手は中国夢を公言し、宇宙からサイバー、次世代通信システムの5Gを含めて、世界の覇権を目指す独裁国家である。目先の利益追求に目がくらみ、彼《か》の国が水面下で何を企んでいるのかに無頓着でいてはいけない。彼らの狙いを慎重に見極めていく必要があるのだ。

地球儀を見渡せば、北はアイスランドやグリーンランド、南はオーストラリアのタスマニア島と、中国共産党政府は、北極海と南極海ルートへの出入り口での拠点化に躍起だ。これは、言わば一帯一路のタテ軸版だ。

ひるがえってわが国を見ると、少子高齢化による過疎化につけ込まれる形で、北は北海道から南は沖縄と、チャイナマネーがどこまでも合法的にわが国を買い叩いている。

北海道や沖縄だけではない。長崎県の五島列島や対馬《つしま》、鹿児島県の奄美大島、東京都の小笠原諸島、新潟市や佐渡島にも触手を伸ばす。最近では、埼玉県川口市や千葉市にも巨大なチャイナ団地が出現し、地元住民とトラブルを起こしている。

昔から、タダほど高いものはない——とは良く言ったものだ。チャイナマネーは必ずと言っていいほど背後に中国共産党がついており、警戒しても、し過ぎることはない。今の中国に純粋な民間企業などないのだから当然だ。オーストラリアで2018年、中国を標的にした内政干渉防止法が出来た経緯を調べてみるとよい。軍隊を使わない中国によるソフトキル戦略に気づいたオーストラリアは、いまだお花畑で午睡中の日本にとって、良い手本だ。

ご多分に漏れず、札幌市にも孔子学院がある。南部の私立札幌大学に2006（平成18）年、孔子学院が開設されていた。日本国内でもかなり早い方だ。中国中央電子台（CCTV）と並び、中国共産党の対外宣伝機関として車の両輪である孔子学院が、北の大地にもしっかりと根を下ろしていたのである。水源地や原野、過疎地での土地の爆買いだけでなく、都市部での中華街構想から孔子学院まで、とどまるところを知らない中国の影響力拡大は、もう座視できないところまで来ているのだ。のちほど釧路市の項で述べるが、中国政府による日本の地方自治体との直接折衝も加速しつつある。

今、北海道が本当に危ないことに、何人の北海道民、否《いな》、日本人が気づいているのか。過疎地の農場で働いていた屈強な中国系住民らが、ある日突然、同時多発的にカミングアウトして人民解放軍を名乗り、中国共産党隷下の自治区を宣言しないとも限らない。そんな、ウソとも本当とも否定しようのない日常が現実化しつつあることに善良な日本人が気づかぬうちに、いよいよ都会のど真ん中に中国の拠点となり得る施設が、堂々と公費を使ってつくられようとしているのである。

敵は中国共産党政府

盗人《ぬすっと》に茶を出してもてなす――。

中国の首相を盗人呼ばわりするのは本意ではない。しかし、そうまで言わねば、北海道で今、何が起きているかを多くの日本人に理解してもらえそうにないと思う。だから、非礼を承知で使わせていただくことにする。

2018年5月10日夕、中国の李克強首相が特別機で北海道・新千歳空港に降り立った。表向き、東京で開催された日中韓首脳会談に出席したのを利用して、北海道の農業事情を視察するためとされている。しかし、これを額面通りに受け止める向きはいまい。軍事的にも経済的にも超大国となった中国のナンバー2が、ほかにも行くべきところがあろうはずだが、よりにもよって、北海道へのお成りである。

北海道が陣取りゲームのように、戦略的に土地を買われ、水源地を中心に東京ドーム1千個分が虫食い状態で買い荒らされているということに、かねて危機感を持っていた。それもあったからだろう。わざわざ北海道まで行って李首相を歓迎する安倍晋三首相の姿をテレビの画面で見たときは、わが目を疑い、ひっくり返りそうになった。

李首相は札幌市内のホテルで高橋はるみ北海道知事（当時）と会談後、知事主催の晩餐会で

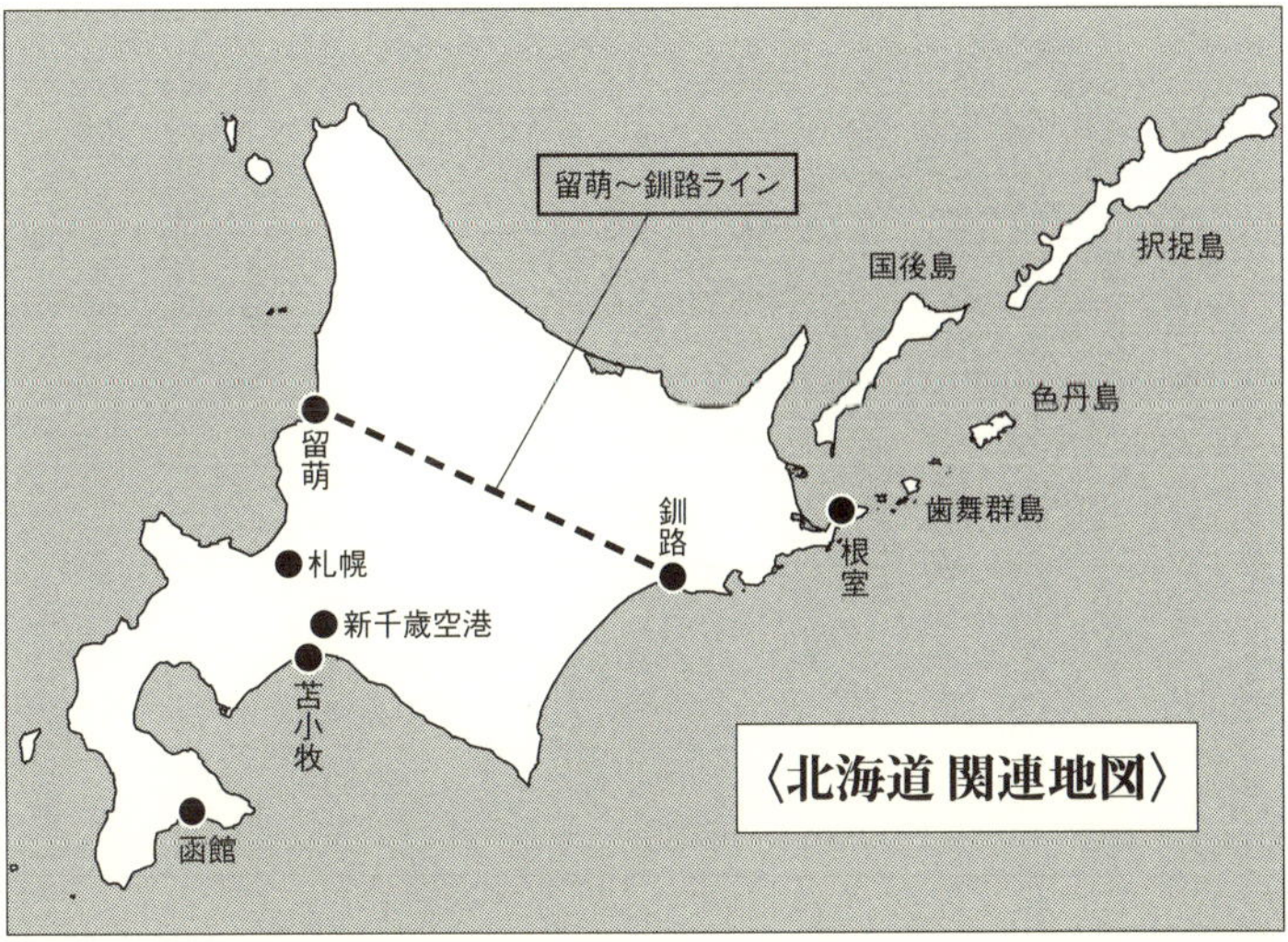

大歓迎された。翌11日は、日中知事省長フォーラムに参加した後、苫小牧市のトヨタ工場を視察し、恵庭《えにわ》市のテーマパーク「えこりん村」で、安倍首相主催の昼食会に出席している。

知事省長フォーラムは、地方政府間の交流を促進する目的で2012（平成24）年に始まり、この年は14年に開かれた北京《ペキン》会合に続く3回目だった。もちろん、共産党が一党支配する中国のことだから、地方政府間といっても、党中央のお墨つきがあってのことである。むしろ、地方政府を隠れ蓑に党中央がすべてを振り付けて二人羽織で中国の地方政府を操っているのが実態に近かろう。

だから、地方政府間の会合とは名ばかりで、釧路市は中国共産党政府そのものを相手にしていると言っていいだろう。釧路市には申し訳ないが、相手は巨大過ぎて対等に話し合いを進めることなど出来やしないのである。はっきり言って、日本政府のよほどのバックアップがない限り釧路市は、中国共産党政権から見て、赤子の手をひねるが如《ごと》くなのだ。

地域活性化にかける思いもあろう。何も、ハナから相手にするなと言っているわけではない。うまい話には裏がある。そう思って半身の姿勢で話を聞くことをお勧めしたい。

これに先立つ5月4日、中国外務省の孔鉉佑外務次官は記者会見で、気になる言い回しで記者の質問に答えていた。李首相の北海道訪問が念頭にあったのだろう。

孔氏は、「日本の主要農畜産業基地である北海道では、農業の従事人口が少なく、老齢化も進んでいるのにもかかわらず、農業の近代化が非常に発展している」と述べ、北海道に強い関心と、並々ならぬ執着を示している。

彼らは、北海道の農業事情をよく知っている。主要農業の発信地にもかかわらず、「農業の従事人口が少ない」「高齢化が進んでいる」という言辞を耳にすると、薄気味悪ささえ感じるのは筆者だけだろうか。

住民が激減している地域や、観光客の多い都会のど真ん中の土地や建物を買い漁《あさ》る。生徒の減少で民間企業としての運営が厳しい学校法人に提携という形で資金注入し、留学生を送り込む。その古典的な手法は、虫食い状態となった北海道の水源地や、宮崎県えびの市という過疎地で生徒確保に苦しむ日章学園九州国際高等学校を見るまでもない。中国政府の姿勢はどこまでも一貫している。過疎地と経営に苦しむ学校法人への侵食である。

中国による北海道の土地買収問題を取材し続けている産経新聞編集委員の宮本雅史記者が公安関係者に取材したところ、

①中国資本が積極的に北海道の農地や森林などの買収に動いていること
②中国政府が北海道を一帯一路構想の拠点に位置づけていること
③20年前から北海道を狙っていること

——に、まず注意しなければならないとしつつ、こう警告したという。

「李首相が北海道に行ったということは、中国の北海道進出が本格的に動き出したということである。李首相は滞在中に、各方面に今後の方針を指示したはずだ。安倍首相が主導し、日本政府がもろ手を挙げて李首相の北海道訪問を歓迎したことで、中国による北海道進出について日本政府のお墨つきを得たと受け止められたとしても仕方ない。今のままだと日本は今後10年から15年で侵食されてしまう恐れがある。カナダやオーストラリア、マレーシアは中国の戦略を分かっている。気づいていないのは日本だけで、気がついたときには打つ手がなくなってしまっている」

李克強首相が北海道に来る前の2016年5月21日、程永華駐日中国大使が釧路を訪問している。程大使は蝦名大也《えびなひろや》市長との会談で、「民間、地方外交」への期待感を表明した。だが、共産党独裁の中国を相手に、一地方都市に過ぎない釧路市に日本政府が外交など任せられるはずもない。程大使の発言は即、東京との分断工作とも言えた。

程大使は14年にも北海道を訪れた際、札幌市内で北海道日中友好協会創立50周年記念講演会を行った。程大使は、「北海道の対中協力には非常に大きな潜在力がある。特に若者が中日友好事業に参加するよう導くことを希望する」と期待感を表した。同じ年の12月には、経済担当の張小平という駐日中国大使館の一等書記官が、「中国は北海道航路の試験運用を本格化している。釧路はアジアの玄関口として、国際港湾物流拠点としての成長が期待できる。釧路は北米に近い。将来は南のシンガポール、北の釧路と言われるような魅力がある」と述べている。

ここまで持ち上げられた釧路市が、中国使節団を手厚く接待し、将来の協力を約束したことは想像に難くない。こうして地方都市が次々に籠絡《ろうらく》されていくのは忍びなく、何とか日本政府の力で目を覚まさせてほしいと願うのだが、当の安倍政権が与党と一体となって中国との友好親善や一帯一路への協力に前のめりになっているのだから、お寒い限りだ。

中央省庁の集まる東京・霞が関は、事なかれ主義の中核的存在である。だが、いくら何でもこれだけ明確な材料がある中、中国の戦略的意図が分からぬはずがなかろう。分かっていても、政治が動かぬ以上はどうにもならぬ悔しさもよく理解できるのだが、何とか公僕としての矜持《きょうじ》を示し、省内で声を挙げる努力をしてほしい。

中国夢、一帯一路、南シナ海の軍事拠点化、尖閣諸島の奪取への思惑、宇宙、サイバー空間、5G、AI（人工知能）などのあらゆる分野で主導権を握ること、あらゆる分野で覇権を目指していることを公言しているのだから、よほどボケていない限り、これに気づかぬ方がどうかしている。俗世を離れた修験者だって分かろうというレベルだ。

2008年の外国人留学生30万人計画だとか、インバウンド（来日旅行者）年4千万人だとか、最近では2019（平成31）年4月に施行された外国人労働者の受け入れ拡大を図る改正入管法などを見ていると、自民・公明両党と手を携《たずさ》えた安倍政権が、むしろ、積極的に中国人を日本に招き入れている風ですらある。2008年時点でも自民党は、中川秀直元幹事長らプロジェクトメンバーを中心に、中国人に依存したわが国の人口について、移民10％、1千万人計画をぶち上げるほど脇の甘さを露呈していたからである。

このまま日本政府が無為無策で蛇口を絞らず、中国人を来たいだけ来させれば、2020年代の早い時期に在留中国人は100万人を突破し、全在留外国人の4割近くを占めるのは間違いない。

1995（平成7）年、オーストラリアを訪問した中国の李鵬首相は、当時のキーティング首相に対し、願望を込めてこう語っている。

「日本は取るに足らない国だ。30〜40年もしたら、なくなるだろう」

釧路に迫る中国の魔の手

李克強首相の北海道入りを受け、翌6月6日、在日中国大使館の宋耀明商務公使や在日中国企業協会の王家馴会長、コスコシッピングラインズジャパン（中遠海運日本）株式会社の譚兵社長ら、在日中国企業協会代表団の一行が釧路市役所を表敬訪問した。日中平和友好条約締結40周年を記念して、釧路市日中友好協会が招待した。

一行は、岩隈敏彦副市長、秋田慎一市議会副会長、釧路市議会日中友好促進議員連盟の月田光明会長、金安潤子釧路市議、釧路市日中友好協会の中村圭佐会長、濱屋宏隆副会長、上見国敏事務局長らと会談した（人民網２０１８年6月9日付 日本語電子版。人民網は中国共産党中央委員会が発行する機関紙「人民日報」のニュースサイトである）。

宋公使は、釧路市内の釧路プリンスホテルで、「いまや世界は『北の釧路 南のシンガポール』」と題して講演した。人民網によると、講演の狙いは、おおよそ「一帯一路をめぐって日本の人々への理解を促進するため」ということになる。

宋氏は、一帯一路について、「平穏」「変革」「革新」「開放」であると強調して、一帯一路への協力を強く求めるとともに「釧路港に対し、同港の北極航路を有効的に活用することを期待する」と述べた。そこには、温暖化によって生まれた北極圏の海上交通路を活《い》かすという、国家戦略が背景にある。

まさに、ここがポイントである。

中国は釧路港を、北極海に抜ける重要拠点として活用したいという本音を隠そうとしない。互恵関係としてのウィンウィンの構築をうたっているが、真の狙いはそんなきれいごとにあるのではない。過疎に悩む地方の重要港湾の乗っ取りであり、そのための釧路港の長期租借と中国人租界化が彼らの狙いだ。後述するが、米海兵隊が駐留するオーストラリア北部の重要港湾、ダーウィン港がまさにこうして乗っ取られているのである。「クロコダイル・ダンディ」というオーストラリア映画の主人公がこの現状を知ったら、馬で連邦議会に乗りつけて魂の演説をぶったことだろう。

「青竜刀が恐くないのかだと？　こっちはいつもコレを持ち歩いてんだよ」

そう言って、ワニを一刀両断できるくらいの腰刀を壇上で見せつけただろう。

北極海でも「氷上のシルクロード」と銘打って一帯一路構想を押し広げ、権益拡大を図る中国は、アイスランドやデンマーク領のグリーンランドでも拠点づくりを急ピッチで進めている。米国防総省は２０１９年5月、中国の軍事動向に関する年次報告書の中で、デンマークは、中国がデンマーク領グリーンランドに強い関心を持っていることを懸念していると指摘している。中国がグリーンランドに、研究施設や衛星通信施設の建設や空港の改良工事などを提案しているためだ。

だからだろう。3カ月後の8月になって、一見唐突に見えるが、トランプ米大統領がグリーンランドを買収したいと言い出した。米紙ワシントン・ポストによると、トランプ氏が買収の合法性に加えて、自治政府が存在する島を購入する場合の手続きについて調査するよう、周辺に指示したという。これには、予算編成を担《にな》う議会の賛同を得る必要もある。

トランプ氏は数週間にわたって買収構想を持ち出しており、周辺は冗談なのか真意を測りかねているというが、おそらく本気だろう。そうでなければ、少なくともデンマークに、中国への警戒を促すメッセージを送ったと言える。

グリーンランドは、1946（昭和21）年に当時のトルーマン米大統領が1億ドルでデンマークに買収を打診したが拒否された。米国は1867年にアラスカを当時の帝政ロシアから購入。アイゼンハワー大統領が1959（昭和34）年にアラスカを連邦の州に組み入れたという歴史がある。

そんな中国からしてみたら、釧路港など、ひとひねりであろう。何しろ、日本政府が片目をつぶって見逃しているどころか、むしろ積極的に中国との関係強化の後押しをしている風なのである。使い勝手がよく、何でも言うことを聞いてくれる「友好都市」として、釧路市は中国の下請け都市に成り下がるだろう。英領時代の香港・シンガポールである。

先述した、中国共産党の「フロント企業」とも言えるコスコシッピングラインズジャパンという会社は、同社のホームページによると、世界有数の規模を誇る海運企業、中国遠洋海運集団有限公司（コスコシッピング）のコンテナ船事業を統括する子会社、中遠海運集装箱運輸有限公司（コスコシッピングラインズ）の100％出資により設立された日本法人だ。日本企業を名乗ってはいるが、経営陣は中国人で、企業内には中国共産党の支部が置かれている。

同社の譚社長は、言葉を選びながら北極海の一帯一路、すなわち、氷上のシルクロードについて、公使の宋氏以上に直接的かつ、上から目線で日本の参加を促している。バックに共産党と人民解放軍がついているのだから、さもありなん、である。まさに、釧路市の能力を超える相手だと言った通りの展開である。

さきの人民網によると、譚氏は出迎えた釧路市側の代表団に向かって、「5つのアドバイスをする」と述べ、①釧路市は川上・川下の産業への投入に尽力すること、②中国海運企業（コスコシッピングラインズジャパン）の航路ネットワークづくりに協力すること、③積極的に一帯一路に参加すること、④クルーズ船に注目すること、⑤燃料供給に万全を期すこと——を挙げた。

まず①だが、なぜ川上エリアにおける産業開発を言ってくるのか。内政どころか、釧路市の市政の話である。中国資本が内陸部、それも外部からは目につきにくい広大な場所を買い漁っていることを考えれば、こうした潜在的な「中国人自治区」と川下を結ぶインフラを整備せよと命じられているように聞こえるのは筆者だけだろうか。こうした事態を放置し続ければ、いずれ中国人自治区だったのが逆転して、北海道そのものが「日本人自治区」に成り下がりかねない怖さを秘めているのが、この発言の深奥部にある。

気になるのは③と④だ。

③だが、これは日本政府が決めることであり、内政干渉である。それも、中国の私企業を装った中国共産党隷下の組織に指図される話ではない。

④は、奄美大島の寄港問題で揺れていた大型クルーズ船を、釧路港に持って来ようという話

である。過疎地にチャイナマネーと人口圧力をかけて、事実上の租界（中国人居留地）にしてしまうという発想が、ここでも見られる。釧路は完全に標的にされてしまったようだ。

釧路だけではない。同じ太平洋側に面した苫小牧港も、釧路港とセットで中国に狙われている。両市は2018年7月に成立したカジノを含む統合型リゾート施設（IR）法の成立を受け、共に有力な候補地となっている。釧路市の地元関係者によれば、新千歳空港へのアクセスが便利な苫小牧市には、米国に本拠を置くアメリカンレストランのハードロックカフェが進出を検討しているという。

ハードロックカフェは2006年12月、カジノ・リゾート事業を展開するフロリダ州のインディアン部族、セミノール族が関連事業（世界のハードロックカフェ124店舗、ハードロック・カジノホテル2カ所など）を買収している。中国は北極海ルートの物流拠点としてだけでなく、日本のカジノ構想に商機を見出し、大量のチャイナマネーを落とすことで、釧路市や苫小牧市のマカオ化を狙っている可能性もある。

この点について、苫小牧市国際リゾート戦略室は2019年8月30日、筆者の電話取材に対し、「基本的には北海道が主導して誘致の是非を検討しており、その判断を待っている状態」だと言う。苫小牧は伝統的に工業の街で、トヨタ自動車などの大手企業が進出している。だが、2014（平成26）年以降は人口減に転じ、雇用創出による街の再活性化が最重要課題になっているという。現在、ハードロックカフェのほか、米ラッシュ・ストリート・ジャパン、カナダのクレアベスト社など計８社がＩＲ事業への参入を表明し、苫小牧市にオフィスを構えている。北海道と苫小牧市が名乗りを挙げるそのときに備え、情報収集を行っているのだ。

ネイティブ・インディアンとアイヌという先住民族をテーマに据えるハードロックカフェも気になるところだが、これら北米などを中心とした総合リゾート開発に実績のある会社は、まだ期待が持てる方だ。それ以上に警戒が必要なのは、苫小牧へのＩＲ参入を道や市に打診しながら会社名を伏せている残りの５社だ。苫小牧市は明らかにできないとしているが、この中に中国系企業が複数入っている可能性があるということだ。米国やカナダ系の企業が来るのと、中国系が来るのとでは、はっきり言って街の雰囲気がまったく違う景色になることを約束する。

２０１２年11月、筆者がワシントン特派員時代に、オバマ米大統領に同行して訪問したカンボジアの首都・プノンペン。中国に開発を任せるとこういう風になってしまうのか——と、ため息が出るほど、宿泊先のカジノ付きホテルの外観は下品なネオンに彩られ、ホテル内では、いかにも人相が悪く、肩から突き出た両腕の入れ墨を隠そうともしない中国人らが大声でロビーを闊歩していた。

苫小牧市の地元事情通に聞くと、中国系企業が参入した場合、通訳や従業員、その家族だけでも１万から２万人にのぼる。苫小牧には数千人単位の中国

苫小牧市役所。苫小牧と釧路は、ともに中国のターゲットになっている＝2019.8.29、苫小牧市旭町

人観光客がやってくるとの試算もあって、治安の悪化が懸念されているという。

その中国の話を続けたい。国際情勢は点だけではなく、線で見て面で眺めなければ見えてこないことがある。

中国は現在、日本海に面した北朝鮮北東部の羅新・清新両港を租借している。ここから樺太と北海道・宗谷岬を結ぶ宗谷海峡ではなく、青森と函館間の津軽海峡を通って、苫小牧港～釧路港を経由して北極海に出る航路を、主要ルートとして確立を急いでいる。まさに、日本列島を本州と北海道で真っ二つに切る、安全保障上も疑義の大きいルートだ。

売り文句は、「アジアと欧州を結ぶ最短ルート」だ。伝統的なスエズ運河航路に比べて距離もコストも大幅に短縮、節約できる利点がある上、米軍が中心となって海上航路の自由作戦を行っている南シナ海、海賊の出没するマラッカ海峡やソマリア沖など中東の紛争地域を使わなくて済む。中国にとって経済上のメリットは計り知れない。

さて、先に簡単に触れた「氷上のシルクロード」という名の一帯一路構想を見てみよう。

中国政府は2018年1月、北極海の開発に関する基本政策である「北極政策白書」を初めて公表した。白書は、北極海航路を「氷上のシルクロード」と位置づけ、中国が主導する巨大経済圏構想「一帯一路」と結びつけている。北極政策白書は「北極圏に最も近い国の一つ」と自国を位置づけ、経済や環境など幅広い分野で北極の利害関係国だと明示した。「中国はエネルギーの消費大国で、北極海航路や資源開発は中国経済に大きく影響する」とし、権益確保に向けて積極的に関与する方針を示した。具体的には「企業が北極海航路のインフラ建設や商業利用に参加することを奨励する」「企業が石油や天然ガス、鉱物資源の開発に参加することを支持する」と白書に盛り込んだ（日本経済新聞2018年1月26日付 電子版）。

海運企業などによると、東アジアから欧州にいたる北極海経由の航路は、インド洋からスエズ運河を抜ける従来ルートに比べて時間が約3割短縮される。北極海には豊富な天然資源があるとされ、世界でまだ開発されていない石油や天然ガスの22％が眠っているとされている。

北極圏の開発は、沿岸国のアメリカやカナダ、ノルウェー、デンマーク、ロシアが中心となって行われ、ロシアの都市ヤマルでは、液化天然ガス（ＬＮＧ）の生産が２０１７（平成29）年末から始まった。

中国の北極海への進出には、乱開発や安全保障面の懸念が指摘される。孔鉉佑外務次官は記者会見で、「中国に別のたくらみがあるとか、資源の略奪や環境破壊などといった懸念はまったく不要だ」と訴えた。いやいや、問わず語りで言うところが真っ黒だ。やましいからこそ、こういうモノ言いになる。

南シナ海の軍事拠点化を急ぎ、今また北極圏の内海化を図ろうとする。その狙いはズバリ、核報復力の温存だ。米国による核の先制攻撃に核で報復する「第2撃能力」を温存するため、広くて深い南シナ海同様、原子力潜水艦を隠す格好のエリアにしようと目論んでいるのである。

事実、米国防総省は２０１９年5月、中国の軍事動向に関する年次報告書で、中国人民解放軍が北極圏での展開を活発化させていると指摘した。核攻撃への抑止力という位置づけで潜水艦を派遣しているという。中国の狙いはまさに、ここにあると見るべきだ。中国海軍は現在、弾道ミサイルを搭載できる原子力潜水艦（戦略原潜）を4隻、攻撃型原子力潜水艦6隻、通常動力の攻撃型潜水艦50隻を就役させているとしている。

さて、さきの北極政策白書は北極圏に領海や領土を持たないことを考慮し、沿岸国の主権や管轄権を尊重するとも明記した。ただ、そのうえで「中国は北極における国際ルールの制定に積極的な役割を果たす」との方針を示している。ちなみに、北極には平和利用を定めた南極条約のような国際ルールがまだ整備されていない。新たな国際ルールは、米国やロシア、デンマークなど8つの北極圏国で構成する「北極評議会」が議論を主導している。中国は2013（平成25）年に、日本や韓国などとともにオブザーバーとして議論に参加した。

釧路市や苫小牧市は、よもや中国の核報復能力の確立に一役買わされることになろうとは、まったく思ってもみないことだろう。

釧路市総合政策部市民協働推進課の交流推進主幹、小畑由紀氏は、筆者の取材に対し文書で以下のように回答をくれた。

釧路市は中国との経済交流をどのように描いているのかという問いに対し、「釧路市と中国の経済交流については、現在、国のエネルギー政策に基づき、釧路コールマイン（株）で『産炭国に対する石炭採掘・保安に関する技術移転等事業』による、中国のほかベトナムやインドネシアなどから研修生を受け入れており、中国をはじめ各産炭国から高い評価を受けている。釧路市独自の中国との経済交流については将来的な構想はない」というものだった。

あくまで、石炭採掘技術に関しては中国だけではなく、他のアジア諸国からも高い評価を得ているが、日本政府の頭ごしに中国と経済交流することは考えていない、ということらしい。

次の質問では、２０１６年12月に在京中国大使館の張小平一等書記官が釧路を訪れた際、「釧路はアジアの玄関口として国際港湾物流拠点としての成長が期待できる」と話していたことを指摘した上で、釧路市と中国の協力が一帯一路構想の一部であるとの認識の有無を聞いた。

回答は、「北海道及び釧路港が中国の一帯一路構想の一部として位置づけられているといった認識は持っていない。釧路港については、国の世界戦略の基盤として国際港湾物流拠点に位置づけられており、主としてバラ積み貨物を扱う国際バルク戦略港湾の指定や、国際物流ターミナルの建設事業などが実施されている。中国においても釧路港の国際港湾としての優位性について評価していると考えている」だった。

意外にも、中国側から、あれだけ一帯一路への参加を求められながら、「一帯一路構想の一部として位置づけられているといった認識は持っていない」というのだから、拍子抜けしたというより、驚いた。一帯一路に組み込まれているという認識すらなければ、それこそ北極海の内海化戦略を企《くわだ》てる中国の思うツボになる危険をはらむからだ。

回答のあった電子メールには、参考資料として産経ニュースが報じた一帯一路の図表が添付されていた（2018年1月11日付 電子版）。確かにその図表では、一帯一路はあくまで南シナ海からインド洋を経由して欧州へ、もう一つは中央アジアを経由してロシアを通るラインが示されていた。

ただ、残念ながら、産経ニュースの図表は中国が氷上のシルクロード構想を一帯一路と結びつけた北極政策白書の発表前の掲載であり、中国政府は、産経が報じた2週間後の1月26日に、氷上のシルクロード構想を打ち出している。この中では釧路や苫小牧、あるいは北海道を名指しこそしていないが、4カ月後の5月に李克強首相が北海道を視察に来たのと、在京中国大使館幹部やコスコシッピングラインズジャパンの譚社長らが、翌6月に釧路で氷上のシルクロード構想を熱弁していたことを勘案すれば、釧路港が氷上のシルクロード構想はもとより、拡大を続ける一帯一路構想にがっちり取り込まれているのは、疑いようのない事実である。

取材の過程で、悪名高き孔子学院を釧路市に開設したいとの意向が中国側から示されたという話を聞いたので、これも確かめてみたが、「事実はない」とのことだった。札幌市では、すでに札幌大に孔子学院が開設してしまっている。今後もし、そうした打診があっても、慎重に検討していただきたいと願わずにはいられない。

改めて記しておくが、筆者は町の活性化を願う釧路市や苫小牧市の努力に水を差すつもりはない。だが中国との付き合いは、いかに経済交流とはいえ欧米諸国とは違った距離感があってしかるべきだと考える。一帯一路とは、疑わしいプロジェクトを餌《えさ》に途上国を略奪的な融資に誘い込んで相手国を借金漬けにし、影響力拡大を狙う「債務の罠」でもある（米ウォールストリート・ジャーナル紙2019年5月2日付 電子版）。パキスタン、インド洋のモルディブ、マレーシア等々は、こうした一帯一路のいかがわしさに、ようやく気づき始め、契約を破棄したり、ご破算にしたりしているのだ。

釧路市や苫小牧市、北海道の関係者には、以下の忠言に耳を傾けてほしい。米誌ニューズウィーク（2017年1月号）の記事だ。一帯一路を推し進める中国の目的について、上品な言い方で、こう警鐘を鳴らしている。

「短期的・中期的にはルート上の国々でのインフラ建設や通信の契約、機械・装置の提供、長期的にはそれらの国々に繋いだ貿易関係で中国製品を輸出することを狙う。該当国にチャイナマネーを大量に浸透させ、現地政府を中国政府に傾向させる戦略だ」

中国に乗っ取られた豪ダーウィン港

ここに、日本にとって良い見本というか、悪い手本というか、今後の身の振り方を考えるうえで、とても参考になる国がある。中国にソフト・ハード両面で日本以上に侵食されながら、日本より早く対抗措置を打ち出しているオーストラリアのことだ。

米海兵隊が駐留するオーストラリア北部ダーウィン港の、99年間の港湾管理権である貸与契約が２０１５年10月、中国企業「嵐橋集団（ランドブリッジ）」に渡った。日本の約３・５倍の面積に人口わずか約25万人の北部準州。州都ダーウィンは、そのうち12万人が住む港町だ。第二次大戦前から海軍基地が置かれ、旧日本軍が開戦直後から爆撃を繰り返した戦略的要衝である。

釧路市と似ているのは、豪州の首都キャンベラから約３０００キロも離れたダーウィンでは、「中国の投資を歓迎する空気が強く、中央との温度差を感じさせた」（産経新聞２０１９年１月１日付 電子版）という点だ。外部の懸念に比べ、現地の受け止め方はおおらかだという。北部準州政府の担当者は「嵐橋集団の運営に満足している。港の拡張や設備投資も確実に実行している」と評価しているのが、何よりの証拠だ。

北部準州商工会議所のグレッグ・ビックネル事務局長も「経済界は歓迎だ。お金に国籍は必要ない」とまで言いきっている。嵐橋集団が軍民共用桟橋の近くに21年に開業する高級ホテルや、中国東海航空が18年５月に深圳《しんせん》からの直行便を開通させたことを挙げ、中国の富裕層に期待を示した。市中心部は空き店舗が目立ち、人影はまばらで、複数の新しい高層住宅は空き家だらけという。

他方、地元紙ＮＴニューズ社のクレイグ・ダンロップ記者は、99年貸与は「事実上の売却だ」と批判する。財政赤字解消のためだという準州政府の説明にも「赤字は問題となる水準ではなかった」と反論する。同紙は地方自由党のジャイルズ前準州政権が選挙向けの投資資金欲しさに港湾を売却したと批判した。賃貸契約には、中国共産党の影も指摘された。中国山東省に本拠を置く嵐橋集団の葉成《ようせい》総裁は13～18年、中国の国政助言機関、人民政治協商会議の代表を務めている。14年8月には社内に民兵組織を設立するなど、本社地元の軍との関係の深さもうかがわせる。

同社が豪州のアンドリュー・ロッブ前貿易・投資相を、16年の退任直後から年間88万豪ドル（約7000万円）で顧問に雇っていたことも発覚した。ロッブ氏は別の中国人企業家からも多額の献金を受け、現在は中国の巨大経済圏構想「一帯一路」への参加を促す団体の幹部を務めている。

産経新聞の田中靖人特派員がオーストラリアで取材しているので、彼の記事を引用したい。田中氏が、嵐橋集団は有事に米軍の港湾利用を制限するのではないか——そんな疑問を嵐橋集団の豪州責任者、マイク・ヒューズ氏にぶつけると、「当社は港の運営者であって所有者ではない。港湾の平等な利用が契約で義務づけられている」と否定したという。だが、台湾の林《りん》穎佑《えいゆう》・中正大学准教授は「有事に意図的に船を座礁させ、米豪軍の行動を妨害する可能性はある」と、別の見方を取っている。

旧ソ連が日ソ不可侵条約を一方的に破って日本に宣戦布告し、北方領土ばかりか、北海道そのものを占領、略奪しようとしたことはよく知られている。実は、その拠点の一つが釧路市だったのである。

ソ連の指導者スターリンは8月16日、トルーマン米大統領に次のような要求をしている。日本軍がソ連軍に明け渡す区域に千島列島全土を含め、日本軍がソ連軍に明け渡す地域には北海道の北半分を含める。北海道の南北を2分する境界線は、東岸の釧路から西岸の留萌《るもい》までを通る線とする。なおこの両市は北半分に入るものとする――と。《29ページの地図を参照》

昔はソ連、今は中国。釧路市は今も昔も戦略上の重要拠点であるということに、釧路市も北海道も、否、日本全体が今いちど思いを致すべきである。過疎と景気低迷に苦しむ釧路市には、チャイナマネーではなく、日本の国家を挙げてジャパンマネーを入れるのだ。

反米基地闘争が盛んな沖縄県には、毎年3000億円以上の振興費が落ちている。こうした事実に思いを致せば、釧路市など道東をはじめとした北海道の振興策として、国は何をやればいいのか、自ずとするべきことが見えてくるはずだ。今ここで北海道東の振興策に真剣に取り組まねば、ダーウィン港の二の舞になるだろう。

中国人満載の巨大クルーズ船計画

奄美大島への大型クルーズ船誘致話は2019年夏、頓挫した。島の南東部にある瀬戸内町《せとうちちょう》の鎌田愛人《かまだなるひと》町長が記者会見し、誘致断念を発表したのだ。「地域振興策の実現や、住民感情なども含めた受け入れのための条件を整備することは困難」というのが理由だ。

ただ、西古見《にしこみ》集落の池堂地区への寄港誘致は頓挫したが、島最大の奄美市名瀬《なぜ》（旧名瀬市）

への寄港を模索する動きも、くすぶっている。大型クルーズ船は無理でも、同じ瀬戸内町の港への中型、小型クルーズ船の誘致話は消えておらず、誘致反対派も、もろ手を挙げて喜べない状況には変わりない。

鎌田氏の決定は、「クルーズ船寄港地に関する検討協議会」（委員長・宮廻甫充《みやさことしみつ》鹿児島大学名誉教授）から8月10日に提出された7項目の提言書を踏まえた判断だった。

報道資料によると、7項目は、①自然環境・景観の保全・産業振興に向け専門家の意見を踏まえた適切な対策の検討、②キャリングキャパシティ（環境容量）評価を含む観光管理計画策定・治安維持を含めた適正な旅客の観光管理の検討、③奄美のブランド向上のための諸施策の検討・世界自然遺産推薦地への観光についての管理徹底の検討、④原則、加計呂麻島へのクルーズ船旅客入島を回避すること、⑤企画段階からの地元自治体・企業が参画できる仕組みの構築、⑥町民への計画周知・多様な意見を聴取する透明性のある組織づくりの検討、⑦協議会での委員の意見・要望について解決のための必要な措置を講じること——などとなっている。

3月に行われた第4回の協議会では、クルーズ船社として世界大手ロイヤルカリビアン・インターナショナル（RCI）の幹部が、協議会委員向けに非公開の説明会を行った。瀬戸内町側が公開を要求したが、同社は企業秘密の漏洩を理由にこれを拒否した。地元住民向けの説明会で、どんな企業秘密があるというのだろうか。町側は同社から受け取った説明資料を後日公開したが、港湾開発計画や寄港する船の種類、来航頻度、投資額、地域にもたらす利益などに関して、具体的な数字は示されていなかった。

ロイヤルカリビアン・インターナショナルの資料は、民族風の踊りを披露するカリブ海地域住民の写真や、「美しい海」といったリゾート地域の印象を提供するのにとどまる内容だった。この資料を見た委員は、「まるで植民地化を彷彿とさせるような資料だ」と憤りを見せたという（エポック・タイムズ2019年8月23日付 電子版）。

経済面で見ても実は、クルーズ船の訪日外国人のインバウンド消費は、一般客と比べて極めて少ない。クルーズ事業は乗船料・宿泊費・飲食代・船内での娯楽費のすべてがワンパッケージになった料金システムとなっているためだ。国際カジノ研究所所長でインバウンドビジネスに詳しい木曽崇《たかし》氏は、クルーズ船による来訪客を「頭数《あたまかず》」で捉えることは意味がないと主張する。つまり、見た目の観光客数を増やしても、地域の経済振興にはほとんどならないのだ。クルーズ船の誘客のために大型設備投資をしたところで、採算は合わないだろうと指摘している。

頓挫した寄港候補地の西古見集落の池堂地区は、瀬戸内町・古仁屋《こにや》地区から北西方向の海岸沿いに約38キロの、人口わずか35人の集落だ。目の前に広がる大島海峡を隔《へだ》て、約5キロ先の水平線には、江仁屋離島《えにやばなれじま》が見える。陸上自衛隊が2018年3月27日に創設した水陸機動団が、離島奪還のための着上陸作戦の訓練を実施している無人島だ。

この目と鼻の先に位置する西古見集落の海岸に、中国人6000人を乗せた大型クルーズ船の接岸桟橋をつくろうという計画が浮上し、2018年以降、奄美大島全体を巻き込んでの騒

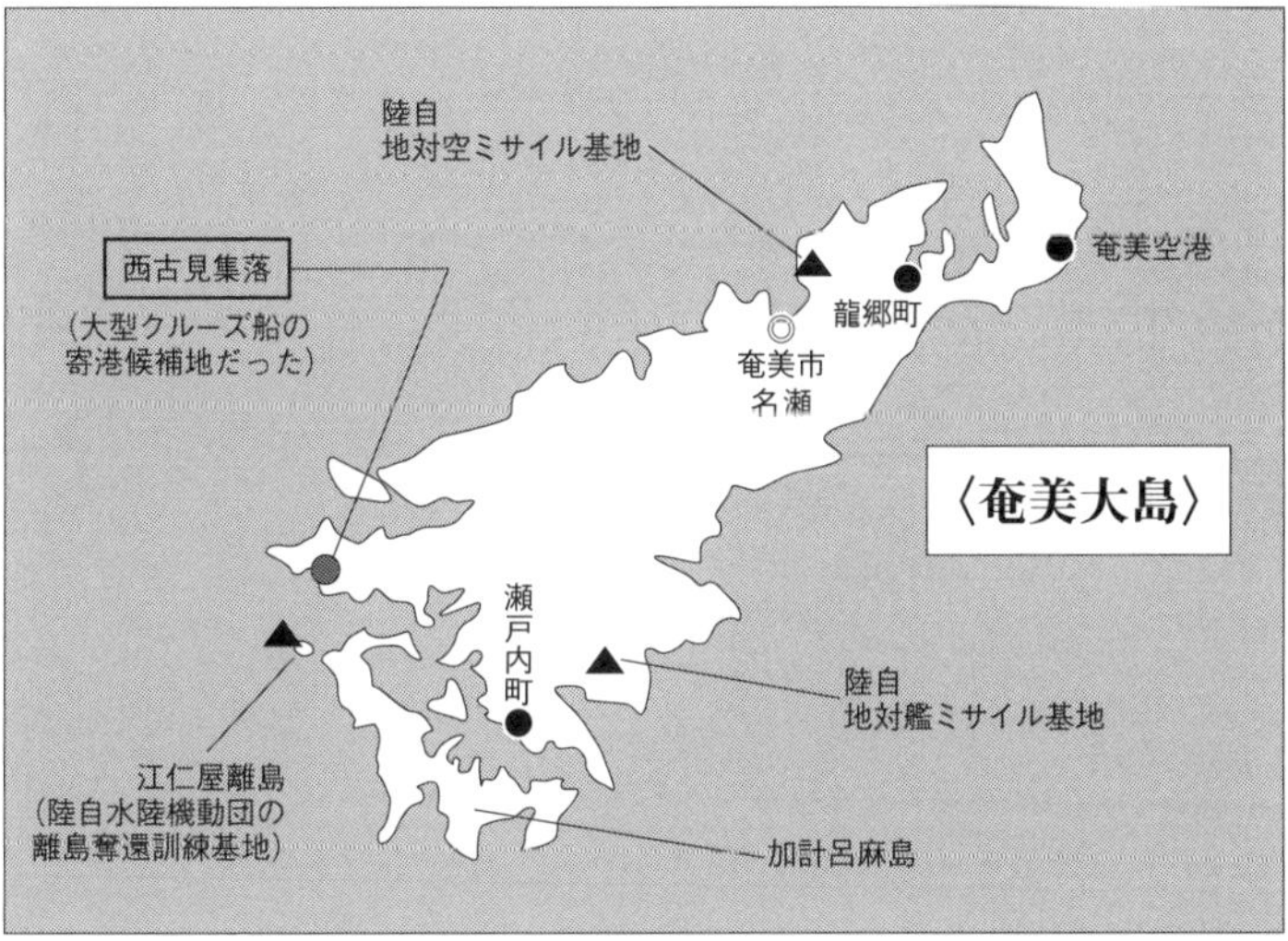

動になっていたのだ

陸上自衛隊は19年、奄美大島に奄美駐屯地（奄美市）と瀬戸内分屯地（瀬戸内町）を新設し、計約550人を配備した。奄美駐屯地には初動対応を担う警備部隊と、航空機や巡航ミサイルを迎撃する地対空ミサイル部隊が駐留する。瀬戸内分屯地には警備部隊と艦艇に備えた地対艦ミサイルなどを配備した。そんなことから、保守系住民は防衛施設の存在を理由に中国人客をたくさん乗せた大型クルーズ船の寄港に反対する。Iターン組と呼ばれる環境保護派も、環境保全の観点から大型クルーズ船の寄港に反対している。

賛成していたのは、旗振り役の自民・公明両党とシナリオを書いた国土交通省だ。地元の瀬戸内町は旗幟を鮮明にしていないが、基本的には政府与党の言うなりだ。

見逃せないのは、RCI社の中国・北アジア太平洋地区担当社長、中国人の劉淄楠《りゅうじなん》氏の存在だ。米国企業のRCI社が中国ビジネスで成功するには、中国政府や共産党の強固な後ろ盾がなければ不可能である。習近平国家主席が「虎もハエも叩く」と言う通り、腐敗いちじるしい彼の国では当然、「袖の下」に近いやりとりも欠かせまい。そんな中でRCI社の目にとまったのが劉氏だ。劉氏は中国の大学院を卒業後、英ロンドン大学に留学し、経済学博士号を取得。英国内の大学講師を7年務めた後、金融会社を経て2009（平成21）年にRCIに入社している。

RCI社は2013年、中国クルーズ事業を「非常に重視する」方針を示し、華北（北京、天津《てんしん》）、華東（上海《シャンハイ》）の発展に注力するとした。ツアー価格は1日当たり約5千〜8千円で、「憧れの欧米型クルーズ旅行を楽しめる」と宣伝してきた。現在、5隻の大型クルーズ船を運航させている。

RCI社は、アジアのクルーズ産業に貢献したとして、上海宝山区政府トップで中国共産党の汪泓書記を表彰した。このときの推薦人が、劉氏だった。地方政府のトップを推薦する力を持つ劉氏の実力のほどが伺える。2017年11月にシンガポールで開催された世界2千ものクルーズ業界関係者が集まる年次イベントには劉氏も参加し、中国共産党が主導する「一帯一路構想」について、「メリットしかない」と推奨し、さらなる投資を呼びかけたという（エポック・タイムズ紙）。

劉氏はまた、中国国内の関係者推薦で決まる中国旅行業界賞を10年連続で受賞し、18年には習主席も出席した中国国際輸出入博でも登壇し、喝采を浴びている。19年1月には、新華社、環球時報、中国外交部中国アジア発展委員会共催の18年中国経済フォーラムで「2018新時代中国経済優秀経営者賞」、RCI社は「2018新時代中国経済革新企業賞」を受賞している。こんな中国共産党幹部と太いパイプを持つ人物がトップを務めるクルーズ船会社の寄港が頓挫したことは、地元の活性化を期待した人には申し訳ないが、朗報と言って良いだろう。

一方、奄美大島・西古見集落よりはまだ、インバウンドの受け入れ能力が高い沖縄県・宮古島ですら、現状への困惑を隠せない。ここ数年、中国人を乗せた大型クルーズ船が寄港するようになったのはいいが、島の人たちの間から「もうこれ以上、来ないで」という声が広がりつつあるという。2019年3月、陸上自衛隊の基地が出来るのに狙いを定めたかのような大型クルーズ船の寄港は、奄美大島と同じで、何やら裏がありそうな、うさん臭さを感じさせる。クルーズ船に、民間人を装った人民解放軍の工作員でも乗せるつもりではないか──と勘ぐりたくなるタイミングの良さだ。

宮古島へのクルーズ船寄港は、ここ3年で急増している。2016年度に85隻。17年度には147隻。18年度には150隻以上の寄港が見込まれる。潤うのは観光バス会社とタクシー会社だが、タクシーは需要に供給が追いついていない。ブログ「宮古島移住だより」は言う。

「中国人は本当に声が大きいです。のんびりとした空気が流れる沖縄の離島、宮古島では、都会以上に中国人の声の大きさが目立ちます。宮古島の美しいビーチを散歩して心を落ち着かせようと思ったのに、ビーチで中国人が大きな声で会話していて、逆に心をかき乱されたこともあります」

宮古島ならまだしも、35人の集落で、片側一車線がようやくの奄美大島・西古見集落では、まず、集落から山道を車で30分かかる瀬戸内町の中心地・古仁屋まで行くのも、北部の最大都市・奄美市に行くのも、物理的に不可能だ。仮に西古見集落に寄港した場合、桟橋をつくって乗船客を囲い込み、そこを拠点に南西側に位置する加計呂麻島《かけろまじま》をモーターボートなどで往復し、マリンスポーツなどを楽しませるというが、実態は宮古島で見た通りだ。

インフラ整備で、地元の土建業者には一時的に金は落ちるだろう。だが、政治状況次第で観光客の出し入れを自在にする独裁国家が相手である。韓国や台湾のように、いつなんどき、パタリと中国人客が来なくなるかも分からない。持続的に落ちるかどうか分からぬ目先の利益に目がくらんでしまうと、環境破壊や治安、安全保障上の問題が置き去りになり、いざというときに、取り返しがつかないのである。

これは、離島だけの問題ではない。２０２０年の東京オリンピック・パラリンピック時に、東京湾の大型クルーズ船を宿泊施設がわりに観光客を呼び寄せるという思惑が日本政府や東京都にはあるが、これも治安上の問題が置き去りにされたままだ。

強姦など、大型クルーズ船で起きる事件は珍しくない。離岸するとき、船内に連れ込まれた日本人女性は陸に解放されたとしても、彼女を強姦した犯罪者の身柄確保はどうするのか。そういった基本的なことがクリアされないまま、ただ「ようこそいらっしゃい」では、国民の安全が守れない。

２０１９年7月30日付のニューズウィーク電子版によると、米南部フロリダ州マイアミを拠点とするＲＣＩ社の関連会社のクルーズ船内で15年、船内で家族と船旅を楽しんでいた15歳の少女が船室に連れ込まれ、男らに集団レイプされる事件が発生した。乗員が見て見ぬ振りをしたとして、少女側がこの会社を訴えている。

２０１６年～19年4月にかけ、米運輸省に報告されたデータによると、クルーズ船内で発生した性的暴行事件は２２０件にものぼっている。寄港地の住民は、こうした事実をよく知っておいた方がよい。

さて、中国人ら6千人を乗せた大型クルーズ船の西古見集落への寄港問題は、今回の頓挫で一件落着したかに見える。だがこの問題は、国土交通大臣が、中国からの観光客誘致に熱心な公明党出身議員であり続ける限り、「黄信号のまま、いつなんどき、また寄港話が浮上するか油断できない」（地元関係者）との警戒感は消えない。今年9月の内閣改造では、公明党の石井啓一氏に代わり、同じ公明党の赤羽一嘉《あかばかずよし》氏が国土交通相に就任している。

大型クルーズ船の寄港問題は、観光による地域振興だけでなく、離島防衛にかかわる安全保障の問題そのものである。海上保安庁を国交省から切り離して内閣府に移管し拡充する。さらには、観光庁を経済産業省の傘下に組織替えするなどして、真に国家国民の利益となる国策を遂行するため、国交省を解体するところから始める必要がある。

これが、奄美大島の大型クルーズ船寄港問題が残した教訓である。

日本を取り巻く反日国家

「海の安全保障」という観点から、ここで、日本海における北朝鮮の狼藉にも触れておきたい。日本海における日本の排他的経済水域（EEZ）に属する大和堆《やまとたい》には、イカを狙った北朝鮮の漁船が殺到し、これを取り締まる日本の水産庁の監視船や海上保安庁の巡視船と、ここ数年、イタチごっこを繰り返していた。

こうした中、警告や放水をするだけの日本の監視船の対応をあざ笑うかのような出来事が、2019年8月下旬に、とうとう起きてしまった。

大和堆付近で外国漁船による違法操業の警戒に当たっていた海上保安庁の巡視船に対し、北朝鮮船と見られる高速艇が接近し、乗組員が小銃を向けて威嚇してきたのだ。これは読売新聞が9月13日付朝刊の1面トップで特ダネとして報じた。

菅義偉《すがよしひで》官房長官は同じ日の午前中に行われた記者会見で、「北朝鮮船舶の可能性が高いと見て、北京の大使館ルートで厳重に抗議した」と明らかにした。

海保によると8月23日、大和堆周辺で取り締まりをしていた水産庁の船から「船籍不明の高速艇が接近している」との通報を受けて巡視船が駆けつけたところ、日本の排他的経済水域内で、高速艇と、北朝鮮の国旗が描かれた貨物船のような船を確認した。

残念なのは、日本政府の対応だ。ネットでは、日本政府のまったく効果のない、何もしないに等しい対応に対し、同じ日本人として自嘲しつつ「遺憾砲」などと揶揄することが多いが、今回の「抗議」はそれ以下の、実に腰の砕けた対応である。

日本のEEZ内における、小銃での威嚇である。至近弾を飛ばすなどの警告射撃で追い払えば良いだけのことである。日本のEEZ内なのに日本の漁船団が退き、武装船に守られた北朝鮮漁船に好き放題な違法操業を許すようなことがあってはならない。

日本政府はよく、「不測の事態が起きないよう、相手国と緊密に連絡をとりたい」などと寝ぼけたことを言っているが、これは国益を損ねる言動であり、非常にまずい。足元を見られるだけだからだ。北朝鮮のイカ釣り漁船の場合、これはまさに軍の行動であり、背後に北朝鮮から漁業権を買った中国がいることは周知の事実である。

こう言っては失礼かもしれないが、南西太平洋の小国・パラオ共和国ですら、2012年3月、領海内で不法漁をしていた中国漁船に対して警告発砲し、誤射で中国漁船員1人を死亡させている。このとき、証拠隠滅のため船長が漁船に火をつけたが、5人を逮捕している。

今回のように、小銃で威嚇されるような「不測の事態」が起きたなら、二度とそれを起こさせないためにも、警告射撃で応じるべきなのである。慢性的な飢えに苦しむ北朝鮮の漁民が、小銃など持っているはずがない。北朝鮮軍がトップのかけ声のもと、食い詰めてイカ漁に精を出していたのであろう。兵士か漁民か区別のつかぬ連中ではあるが、こうした場合、船舶付近の海面への警告射撃などという甘ったるい対応ではなく、船体射撃ですら、ためらうべきではないだろう。北の漁船がとった行動は、それほど危険な暴挙なのである。

思い出してほしい。2001(平成13)年12月、海上保安庁巡視船による正確無比な船体射撃を受けて自沈した北朝鮮の工作船は、翌年、海底から引き揚げられた。この船は日本側が想定した以上の重武装で、観音開きの船体後部に、ひとまわり小さな工作船が収容されていたことが判明している。彼らは、強制捜査を試みる海上保安庁の巡視船に対し、小火器や携行式ロケット砲で応戦しているのだ。われわれは、こうした現実を決して忘れてはならない。

増長した北朝鮮がさらなる挑発に出て、逆に海保巡視船の反撃で撃沈させられるといった結果を招くのは、北朝鮮側も本意ではなかろう。今後、北朝鮮の船舶が武器を使用して日本側を威嚇するようなことがあれば、海保は警告射撃をためらうべきではない。

中国だけではない。北朝鮮はもちろん、歴代大統領が不遇の末路を迎える反日韓国といった非民主的国家によって、わが国は、あらゆる角度から国家主権への挑戦を受けているのである。

大阪・西成が中華街に⁉

2019年8月20日火曜日、大阪市西成区の動物園一番街はあいにくの休みで、ほとんどの店のシャッターが閉まっていた。そんな中、ひときわ目立つのが、年中無休とばかり開店している居酒屋カラオケ店だ。

一番街を何度か徒歩で往復し、狙いを定めて入った店には、中国人のママとナーママ、それにフィリピン国籍で自称「わがママ」だという女性の3人が迎えてくれた。カウンターには、よく日に焼けた赤銅色の顔に歯のほとんど抜けた年配のおっちゃんらがいて、1曲100円で思い思いにカラオケを楽しんでいた。そのうちの一人は、定年退職後の再雇用で「時間の自由がきく」といって、東京から月に何度か通っているというほどの西成好きだ。

「ワダシ、大阪がピッタリ合うよ。友だち多いし、大好きよ」

横浜市在住が長かったという20代後半のチーママは、問わず語りでそう話しながら、歌いなれた風に男性客とデュエットを始めた。

日雇い労働者の街・あいりん地区で
急増中のカラオケ居酒屋
＝ 2019.8.20、大阪市西成区

日雇い労働者の街――。大阪市西成区のあいりん地区に、2018年秋ごろになって突如として、中華街構想が降って湧いた。

「西成は活性化が必要。本場・中国から料理店を誘致し、神戸の南京町をしのぐ中華街をつくりたい」

中国人経営者ら約40人でつくる大阪華商会の王標副会長はこう、地元商店街の関係者に説いて回った。人阪で国際博覧会が開かれる2025（令和7）年に向け、JR新今宮駅付近の商店街に100店以上の中華料理店を集める計画だ。カラオケ居酒屋を業態変更したり、空き店舗を活用したりして、華僑や華人の人脈で中国や日本の出店者を募るという（産経新聞2019年1月8日付電子版）。

あいりん地区には、関西国際空港から電車で約1時間でアクセスでき、大阪・ミナミの繁華街にも近いという立地の良さがある。星野リゾートも2022年に新今宮でホテルを開業する予定で、過去最多を更新し続ける来日外国人の需要を当て込む。

中華街構想の背景には、約5年前から地元で急増したカラオケ居酒屋の存在と競争の激化がある。一帯には10商店街があり、関係者によるとカラオケ居酒屋は現在、10商店街に約50軒、周辺エリアを含めると約150店舗にのぼり、商店街全体の3〜4割を占めている。

中国出身者が経営する不動産会社が、商店街の空き店舗を次々と買収し、故郷のつながりで経営者や留学生の中国人女性を募って雇用しているのが実態だ。若い留学生がカウンターに立ち、3千円前後でカラオケ付きの飲食を提供するビジネスモデルが労働者らに人気を博し、一気に広がった。一方で全体の客数にも限りがあり、競争過多になっているのが現状だ。こうした頭打ち状態を打破しようと出てきた構想が中華街化だったという。

一番街で洋品店を営む飛田本通《とびたほんどおり》商店街新興組合の村井康夫理事長に話を聞いた。この日は休みだったが、店のシャッターを開け、こころよくインタビューに応じてくれた。2019年2月、大阪華商会側から「新年会をやるから来ないか」と誘われて出席したところ、華商会側が突然、西成区での中華街構想をぶち上げたという。華商会は「維新の会」系府議や市議にも根回し済みで、商店街側には動揺が走った。

そして、大阪華商会が中華街構想をぶち上げた翌月の3月、この街の将来を占うかのような事件が起きた。

大阪府警は5日、入管難民法違反容疑（不法入国、不法在留）で50代の中国人姉妹を逮捕したのだ。産経新聞ほかによると、姉妹は強制送還などの過去があって日本に入国できないはずなのに、別人になりすまして密入国。一人は西成区内でカラオケ居酒屋を営み、10年以上も暮らしていたという。

「日本で働きたかった」

入管難民法違反容疑で逮捕された中国籍の姉妹は、府警の調べにこう述べたという。

逮捕されたのは、7人きょうだいの3女でカラオケ居酒屋経営のグオ・シャオイン（56歳）と、5女で中国式エステ店経営のグオ・フォンユン（50歳）の両容疑者だ。姉のシャオイン容疑者は平成19年10月、長女になりすまして関西国際空港から入国し、今年2月まで不法に在留したとされる。府警によると、シャオイン容疑者は平成12年に何らかの理由で日本に密入国するも、間もなく発覚し、いちど中国に強制送還されている。

いったん強制送還されれば、再び日本に入ることは難しい。そこで目を付けたのが、実の姉である長女になりすます計画だった。18年3月に長女の名義で再び入国すると、長女になりすましたまま日本人男性と結婚し、日本人配偶者の立場を得た。この、日本人配偶者の立場を得たメリットは大きかった。外国人が永住権を得るには原則10年以上、日本で暮らす必要があるが、日本人の配偶者になれれば、結婚後最短3年で永住権を取得できる。永住者になれば、離婚しても、重罪を犯さない限りは国外退去とはなりにくい。

永住権を取得したシャオイン容疑者は2018年4月、大阪市西成区のあいりん地区に、カラオケ居酒屋「幸せ」をオープンした。日雇い労働者や生活保護受給者を相手とした営業であれば、少額であっても一定の売り上げが見込めるとあってか、カラオケ居酒屋が瞬《また》く間に急増したのは、前述の通りだ。しかし、順風満帆に見えたシャオイン容疑者の「長女なりすまし生活」は暗転する。同年11月に他人の自転車を無断で利用したとして、占有離脱物横領容疑で西成署に摘発されたのだ。書類上は別人になっていても、指紋を採取すれば、過去に強制送還され、日本にいないはずの「グオ・シャオイン」と一致する。本当の身元が判明し、12年余りにわたるなりすまし生活に終止符が打たれることとなった。

さらに、このシャオイン容疑者への捜査で、妹のフォンユン容疑者の不法残留も発覚する。

フォンユン容疑者は当初から日本での永住権取得を目指していたとみられ、あらかじめ中国国内で日本人と結婚していた。そして、日本人の配偶者として来日を試みた。だが、偽装結婚の可能性を疑われて入国できなかった。

そこで、シャオイン容疑者と同様に、姉妹になりすまして入国することを試みるが、なりすましたのは、「グオ・シャオイン」（シャオイン容疑者）だった。

なぜ過去に強制送還された人物になりすまして日本に入国できたのか。実はシャオイン容疑者は、約20年前に日本から強制送還された後、台湾の男性と結婚し、中国から台湾に移って一時生活し、台湾が発行するパスポートを所持していた。不法入国の先輩格であるシャオイン容疑者は、同じく日本への不法入国を試みる妹に対し、「台湾に形だけの夫がいる。顔も似ているから私になりすましたらいい」と助言したというのだ。フォンユン容疑者は、「台湾のグオ・シャオイン」になりすまし、同年4月に日本に入国した。

入国前に、あらかじめ、形だけだった台湾の男性との婚姻関係を解消しており、入国後、日本人と結婚するという手の込みようだ。こうして日本人配偶者の立場を得ていたが、シャオイン容疑者の摘発をきっかけに身元が判明し、姉と同様に逮捕されることとなったのである。

身内になりすましたり、形だけの結婚でパスポートを変えたりするなど、さまざまな手口で日本に不法入国していたこの姉妹は、氷山の一角と見られる。ある捜査関係者は、2人の行動を「中国にはまだ貧しい地域も多い。不法入国のリスクを冒してでも日本で稼ぐことに、うまみを感じたのだろう」と分析する。

ささいな事件だが、外国人不法滞在者が増え続けている今の日本において、その意味は大きい。あの手この手の不法入国、不法滞在を摘発するのは、この事件のように容易なケースばかりではないからだ。

こんな事件が発覚した4月、華商会側と10商店街の代表が、中華街構想について話し合いの場を持った。華商会側の要望は、①名称を中華街とすること、②商店街の要所に中華門を建立すること——の2点だった。

前出の村井氏は、「中国人ママが接客しているとは言っても、カラオケ居酒屋でしょ？ 中華料理屋があるわけでもないのに、『中華街』はないでしょう。われわれにだって、親の代から引き継いで店や商店街を守ってきたプライドがある。この街が中華街かどうかは、お客さんが決めることちゃうんかな。中華門建てたから『中華街です』とかはありえへんわ。お客さんが来て賑わうのはええことやと思いますが、『中華街ありき』ではないというのが、われわれの考え方なんですよ。古くからの老華僑はミナミや難波におるし、この商店街を中華街と名乗ったところで、何のメリットもないからね」と語る。

昨秋からの動きをおさらいする。府議や市議らに周到な根回しを行い、在大阪中国総領事らが一体となった大阪華商会が、カラオケ居酒屋を舞台まわしに、街の活性化を掲げて中華街構想をぶち上げた。しかし、昔ながらの雰囲気に愛着を持つあいりん地区商店街の反対に加え、不法滞在の温床にもなっていることが発覚して、中華街構想が頓挫した——。

だが、あいりん地区で浮上した中華街構想は、そんな表面的な一地方の悲喜こもごもの出来事ではなく、もっと根の深い問題が横たわっている、と筆者は見る。

こうした中華街構想は、中国共産党による、日本乗っ取り計画の序章に過ぎないということだ。前述の通り、札幌市すすきのの中心部にある狸小路でも、中華街構想が同時期に浮上している。筆者が2018年9月まで産経新聞九州総局長として赴任していた福岡市の知人がくれた情報によると、福岡市早良《さわら》区の西新エリアでも、中国人らが土地や建物を物色し、中華料理屋を誘致し、将来的には中華街をつくる構想を描いているのではないか──という。各地に共通するのは、北海道釧路市のように、背後に中国大使館や領事館がいることだ。

こうした中華街構想を、偶然起きてきた発想と見る方が、逆に不自然である。アメリカやカナダ、オーストラリアで増殖している中国系の動きを見ていると、わが国で起きていることが、それらとまったく無縁のこととは思えないのだ。中国政府が指令を出し、各地の華人や華僑が街の活性化を隠れ蓑に、中国人らによる拠点化づくりを急いでいるように思えてならない。

暴力団と中国人の〝共生〟社会

2019年8月17日夜、埼玉県川口市の芝園団地で盆踊りの取材をしたその足で、池袋駅北口に向かった。芝園団地やJR西川口駅周辺が新興のチャイナタウンなら、JRや西武線、東武線が乗り入れる池袋駅北口は、昭和末期から平成初期のバブル時代に根を生やし始めた中国人街である。

ぶらりと入った老舗《しにせ》のバーで、2代目だというマスターに聞くと、「完全にチャイナに占領されちゃってますよ、この一帯は。もう中華料理屋と中国人だらけ。親父がこの店をやっていたころとは、街の雰囲気は全然変わっちゃいました」という。赤いベストを来た地元自治会のボランティアと思しき高齢者が、行き交う酔客らに混じって拡声器片手に悪質な客引きなどに注意を呼びかけている。ざっと見渡したところ、堂々と歩き煙草をしている強面《こわもて》のおっさんがチラホラいるだけで、特に問題はなさそうだが、それは表面上のことらしい。

マスターが言うには、暴力団対策法が施行された1992（平成4）年当時はまだ、新宿・歌舞伎町や池袋西口・北口には、青竜刀を振り回す中国人らによる刃傷《にんじょう》事件もあったが、現在は地下に潜っているのか、表向きは派手な事件は起きずにいる。中国人コミュニティ内で起きた事件はコミュニティ内で解決するらしく、決して表沙汰にならないという。つまり、日本の警察も預かり知らぬ、アンタッチャブルな世界が地下に広がっているというのだ。

そんな異国のような状態になってしまった池袋駅周辺の一角だが、四半世紀前、すでにその萌芽はあったのである。

若いサラリーマンや女子大生らを中心に人気があった東京・目白の中華屋台村に、捜査のメスが入った。1994（平成6）年春のことだ。世間のスポットライトを浴びる裏で、山口組系暴力団が暗躍し、屋台村の中にある約30店舗から売上金をピンハネしていた。ピンハネした額が3千数百万円にのぼると見られることから、当時の警視庁捜査四課は、売上金の一部が指定暴力団山口組の重要な資金源になっていると見て、捜査に乗り出したのだ。一方、強盗罪で起訴された経営者らは、屋台村に出入りする不法滞在の中国人ら約10人と強盗団を組織していた。中国人同士が客の奪い合いで傷害事件も起こし、近隣の住民らが約４千人の署名を集め、地主に賃貸契約解除の嘆願書を出していたという事情もある。

強盗団の犯行の手口は荒っぽい。粘着テープで目や口をふさいで両手に手錠をかける。さらにスタンガンを突きつけて別のアジトに監禁、奪ったキャッシュカードの暗証番号を聞き出して金を引き出すという凶悪なものだった。

犯人らは、不法滞在の中国人は強盗の被害に遭っても被害届を出しにくいことに目をつけ、店に出入りする中国人らを集めて強盗団を組織していたという。そして、客として屋台村を訪れる不法滞在の中国人をターゲットに、犯行を重ねていたのだ。同様の手口の被害は、首都圏で十数件にのぼっている。実は、このようにして「中国人が中国人を食い物にする」ことは、けっこう多いという。

池袋西口、夜の繁華街。老舗バーの店主は、「中国人だらけで街は変わってしまった」と嘆く
＝ 2019.8.17、豊島区西池袋

関係者によると、この屋台村は、ＪＲ山手線目白駅近くの一等地にあり、名称は「目白中華屋台村」という。１日の乗降客が約60万人にのぼる池袋の隣りにある駅だ。現在、池袋界隈は中国系の

店舗が多く、リトルチャイナといった様相だが、こうして四半世紀以上も前から、すでに中国人らが存在感を高め、静かに根を下ろし始めていたのである。

この目白中華屋台村は、建設車両・機械の販売会社社長が2年間の期限つきで、駐車場だった土地（約500平方メートル）を借り入れ、前年にオープンさせていた。そこに、約30店の屋台が仮設テントを張ってひしめきあっていた。テント内には約50のテーブルがあり、計300席ほど。屋台の経営者はみな中国人で、一店舗当たり1日約4～5万円の売り上げがあるということだった。

捜査四課などによると、これらの店舗からみかじめ料（場所代）を取るなど屋台村一帯を仕切っていたのは、北海道に本拠を置く山口組系の組織だった。オープンと同時に組員らが姿を見せ始め、数万円の入村料のほかに、1店舗1日当たり6千～1万円のみかじめ料を徴収し、3千数百万円の不法収入を得ていると見られていた。

この中の屋台で働く中国人男性（当時26歳）は、当時産経新聞の社会部に所属し、警視庁で組織暴力を担当していた筆者の取材に対し、「ヤクザは毎晩10時ごろ来る。何で支払う必要があるか、と、みな怒っている。でも、ヤクザは恐い。このことは内緒」と小声でささやいた。そのとき、突然歩み寄ってきた30歳前後の中国人の男が、取材に応じていた中国人男性に対し、「よけいな事をしゃべるな」と中国語でまくしたてた。男性店員は、顔をこわばらせてすぐに立ち去った。屋台村のテント内は、何者かに絶えず監視されているような、緊張した空気が漂っていたことを、よく覚えている。

屋台村がおかしなことになっている――。筆者は夜回り先で、暴力団を担当する「マル暴」刑事から聞きつけ、さっそく現場取材を敢行し、記事にした。すると、後に強盗で逮捕・起訴された男が、人権擁護団体を名乗る人物と一緒になって「営業妨害、人権侵害だ」などと産経新聞への謝罪を要求してきたのだ。そこで警視庁と相談の上、筆者は上司とともに屋台村に出向いて、記事の正当性を主張するとともに、彼らの要求を突っぱねた。

驚いたのは、その場にテレビ朝日の娯楽番組スタッフがいて、許可もなくずっとカメラを回していたことだ。もちろんオンエアされることはなく、お蔵入りしたが、随分いい加減な取材をしていたものである。メディアが反社会的集団の側に立つなど、決してあってはならないことだ。もちろん、同業者とはいえ許せることではない。テレビ朝日のことは警視庁にしっかり情報提供するとともに、同社の警視庁キャップに警告しておいた。

ここで思い出すのは、1989（平成元）年10月、「3時にあいましょう」の番組スタッフが放映前に坂本堤《つつみ》弁護士一家への取材テープをオウム真理教側に渡していた、TBSビデオ事件だ。坂本弁護士一家は9日後の11月4日、オウム真理教メンバーに殺害された。反社会勢力とメディアが内通した結果の、あってはならない惨事だった。

さて、屋台村の男らは、「産経新聞の記事のおかげで売り上げが減った。屋台を細々《ほそぼそ》と営む中国人は迷惑している！」などと机を叩きながら声を張り上げ、屋台で働く中国人の味方を装った。しかし実態は、不法滞在の弱みを握って、屋台の中国人経営者らから1日6千円の場所代を吸い上げていたほか、客の中国人を襲撃していたというのが真相であり、彼らこそ最大の被害者だったわけだ。

ミンボー（民事介入暴力）排除と刑法犯の摘発を進めていた捜査四課と目白署は、暴力団対策法で追い詰められた暴力団が、不法滞在で被害届を出すことに二の足を踏みがちな来日中国人の弱みにつけ込んだ犯罪と、結論づけていた。

実はこの、中華屋台村事件を暴くきっかけは、不法滞在が発覚するのを覚悟の上で警視庁に被害届を出した、ある中国人の勇気だった。

警視庁の元中国語通訳捜査官の坂東忠信氏は、「こうした事件は現在、どんどん闇に埋もれて警察の目が届かぬ事態になりつつある」と警鐘を鳴らしている。

多文化共生は他文化強制

定年退職後、のどかな年金生活を送っていたら、ある日突然、言葉の通じない中国人が隣りに引っ越してきた。気づけば周囲は、いつの間にか中国人だらけとなっていた——。

これが今、首都圏で起きている現実だ。あなたの身の回りで明日にも起こりうる事態に、正面から向かい合う覚悟ができているか。

深夜早朝の騒音は当たり前。違法駐車、ゴミの分別無視に始まり、偽装結婚、医療費・養育費のタダ乗りと、わが国の生活習慣を壊し、社会保障制度を食い物にする。

そんな団地に住む日本人住民の声を聞けば聞くほど、やりたい放題の彼らにどこまで順法意識があるのか疑わしくなる。自分たちの住んだ場所が中国とばかり、自治会のルールを無視するのは当たり前で、じわりと自文化生活圏を広げ始めている。他人ごとだと思っているあなたにとって、それは静かなる環境の変化にしか見えないだろうが、古くから団地に住む日本人住民にとって、それは音を立ててやってきた環境の激変なのである。

少子高齢化に伴う人手不足の解消を図ることを目的に、外国人労働者の受け入れ拡大を目指す改正出入国管理法が2019年4月に施行された。

巷《ちまた》では「多文化共生」などという美辞麗句が大手を振ってまかり通っているが、すでにルール無視の中国人らと生活空間を共にする受け入れ住民にとって、それはお仕着せの「他文化強制」でしかないのである。

コンビニ、飲食店、工事現場……。どこに行っても急に目にするようになった外国人たちを見て、最近あなたが感じている「ざわざわした感じ」が、単なる思い過ごしでないことが、この報告で分かるはずだ。

そんなわれわれの懸念をよそに、中国共産党機関紙「人民日報」のネット版「人民網」日本語版（2018年7月17日付電子版）は、上から目線でこう、日本人読者に説教を垂れている。

「一部の日本人はお隣の中国人を良く思っていないが、新しく移民してきた中国人は多様化して素養も高まっていて昔と違う。外来文化に対する日本人の認識はまだ『小学生レベル』。一日も早く見解を改め、従来の価値観から卒業すべきだ。ほとんどの日本人はお隣の中国人に直接不満を言うことはなく、ネット上で愚痴るのが関の山だ」

確かに昔と違ってそういう人も増えてはいるのだろう。筆者が2018年夏、埼玉県川口市のチャイナ団地と呼ばれる芝園団地を取材した際に出会った男性は、日本のIT企業に勤めていると言い、いかにも優秀そうな、感じの良い好青年だった。

だが、そんな好人物ばかりではない。日本人から見たら「まさか」と思う行動をとる人が少なくないのもまた、事実なのである。人民網の記者は、日本できちんと取材したら良かろう。何なら筆者が案内してあげてもいい。

海外のブランド店前で堂々と糞尿を垂れる中国人の姿を見た人は、1人や2人ではない。2015年10月には、英ロンドンの郊外にある「ビスター・ビレッジ・アウトレット・ショッピングセンター」のアウトレットモールにある高級店「バーバリー」の店舗前で、中国人らしき女性がシートを敷き、子供に排便させている様子がツイッターで拡散された。

中国人観光客の行儀の悪さばかりではない。米国、カナダでは、中国の通信会社「華為技術（ファーウェイ）」の副会長がスパイ容疑で摘発されている。海外で活躍する中国人は、人民網が言うように、素養が高まっているのではなかったのか。容疑事実が本当なら、やっていることは知的財産の泥棒だ。

日本をはじめ、各国の大学機関に巣くって文化侵略だと批判されている孔子学院は、米連邦捜査局（ＦＢＩ）から捜査対象と認定されている。まったく、どの口がそれを言うかとあきれてしまうのは、筆者ばかりではないだろう。

糞尿の臭い漂うチャイナ団地

芝園団地で２０１９年８月17日夕、毎夏恒例の盆踊り大会が開かれた。これまでにも２度、取材で訪れていたが、盆踊り大会を取材するのは初めてだ。抹茶色に白抜きの文字で「芝園」と書かれた半被《はっぴ》を着た地元住民が太鼓を叩くやぐらの周りを、地元婦人会の女性らが踊っている。踊りの輪の中を見ると、母親と思しき中国人女性が、浴衣《ゆかた》を着た子ども数人と一緒に踊っていた。そこだけ見れば、何とも微笑《ほほえ》ましい光景である。

外国人居住者が日本人居住者の数を上回っている埼玉・芝園団地の盆踊り大会
＝ 2019.8.17、川口市芝園町

芝園団地は約５千人の住民がおり、２６００人近くが中国などアジア系の外国人で、日本人は２４００人と、外国人の居住者の数が日本人を上回っている。目につくのは、若い女性で、おなかの大きな妊婦だ。そこかしこにいた。昭和の高度経済成長時代、多摩ニュータウンに象徴されるような巨大団地や地方の社宅でも、たくさんの子どもたちがいて活況を呈していた。デジャ・ブ（既視感）だ。ただ違うのは、それが日本人ではなく、中国人であり、中身が徐々に入れ替わっているということなのだ。少子高齢化が進む日本人は、他国からの移民に「上書き保存」されていくのかという、切ない気分にさせられた。

盆踊り会場周辺の親子連れ
＝2019.8.17、川口市芝園町

祭りで進行係の通訳をしていた楊思維《ヤン・シイー》さん（29歳）に話を聞いた。ほとんどの中国人住民が自治会費を払うのを嫌い、自治会に入ろうとしない中、日本人と中国人の橋渡しになりたいとして、自治会役員を買って出たという。

やぐらを取り巻くように地べたに座り、ビール片手に思い思いに出店の串焼きや焼きそばをほおばる人々のほとんどが中国人で、東南アジア系の家族連れも散見する。漏れてくる会話の言葉でそれは分かる。日本人は、お祭り本部のテント内にいる高齢者と半被を着た関係者ぐらいで、指で数える程度しかいなかった。

お祭りを「する側」と「見る側」で、すっかり分かれてしまっているようなので、なぜ中国人ら外国人が参加しないのかを楊さんに聞いてみた。

「自治会に入ろうなんて思う中国人はいませんよ。母国ではそんな習慣はないし、行事にも参加しませんから」

楊さんは中国・四川省の出身。来日8年になる。中国の寧波大学日本語学科を卒業後、交換留学生として埼玉大学大学院に入り、言語学として日本語を学んだ。卒業後の現在、磁気関係素材の卸売をする日系の専門商社で働いている。主な仕事は中国への輸出だ。

日本語を学ぼうと思ったのは、『NARUTO―ナルト―』や『名探偵コナン』など、日本の漫画やアニメが大好きだったからという。

将来のことについて聞くと、楊さんは「中国に帰国して日本語を活かす仕事につくかもしれないけど、いま自分が勤めている会社は中国語の出来る人を欲している。条件も悪くないし、このまま続けてもいいかなと思う」と話してくれた。

盆踊り大会で、進行係の通訳を務めていた楊思維さん
＝2019.8.17、川口市芝園町

さて、盆踊りに参加する中国人が少ないので、別の自治会役員に、中国人でも分かるような曲なんかをやったらウケるんじゃないかと提案してみた。役員が言うには「それだと、伝統あるわれわれの祭りの質が変わってしまう。それだったら祭り自体をやらない方が良いと思っている日本人住民も少なくない」というから驚いた。筆者なんかは、「何もそこまで頑《かたく》なにならなくても良いのに」と思ってしまうが、毎日彼らと接している日本人住民の思いは、別のところにあるのだろう。日本人は日本人で伝統を守るのに

必死で、後からやって来た外国人に決して迎合しない、芯の強さを感じたのも偽《いつわ》らざる心境だ。

韮澤勝司さん（74歳）に代わり、新たに自治会長に就任した真下徹也さん（74歳）によると、もともと芝園団地は1964（昭和39）年10月に開通した東海道新幹線の車両第1号が製造された工場跡地なのだという。つまり、新幹線発祥の地である。2019年11月には芝園団地誕生50周年記念イベントをやる予定だ。昔からこの団地を知っているという真下さんは、街や団地の雰囲気について「そりゃ変わったさ。団地内では中国語しか聞こえてこないもん。それも、じいさん、ばあさんの中国語と、子どもの甲高《かんだか》い叫び声。ここ（芝園団地）はまだマシだが、隣りの西川口駅周辺なんか、怪《あや》しげな中国人だらけで、危なくて夜は歩けないよ」と言う。

芝園団地は飽和状態らしく、新たに日本にやってきた中国人らは、西川口方面に移動し始めている。芝園団地が当初、ゴミ出しルールを守らない中国人らに苦しめられたのと同じことが、西川口駅近くのUR団地で起きつつあるのだ。

西川口は、3年前の2016年に改正された川口市の条例で、それまであった風俗店が軒並み退去したり店じまいをした。その後に中華料理店が入り込み、チャイナタウン化し始めているという。筆者も歩いてみた。確かに、中国東北地方でしか見られないような、テーブルと巨大な鉄鍋が一体化した家庭料理屋があったりして、日本とは思えないディープ感満載のエリアとなっていた。これは、川口市に限らない。政府の後先を考えない移民政策で中国人がこのまま増え続ければ、日本のどこにでも起き得る事態なのである。

さて、最近の芝園団地事情を聞いた。18年夏に芝園団地を訪れ、前会長の韮澤さんに話を聞いたときと、生活環境はほとんど変わっていないようだった。真下さんが続けて話すには、「夜中にドタバタと子どもが家の中を走り回るのはよくあること。子どものトイレが間に合わないと言って、母親がエレベーターの中で小便どころか、最近ではだいぶ少なくなってきたが大便までさせる。エレベーターや階段の踊り場を『トイレがわりに使ってはいけません』という張り紙をしても効き目はない。管理者のＵＲ（独立行政法人都市再生機構）の『見て見ぬ振り』は相変わらずで、団地内の掃除はすべて下請け任せで、頬かむりだよ」という。

２０１９年７月９日に芝園団地を訪れた際、この下請け清掃業者の男性２人に話を聞いている。国籍は聞かなかったが、ＪＳというマークが書かれた制服を着た彼らの風貌は東南アジア系である。小便や大便は相変わらず多いのかと聞くと、苦笑しながら頷いた。

新たに芝園団地の自治会長に就任した真下徹也さん
＝ 2019.7.9、川口市芝園町

筆者が話していてがっかりしたのは「芝園団地で清掃業を始めたとき、あってはならないところにある糞尿を見て、日本人は話に聞いていたのとは違い、ずいぶんだらしなくて、汚らしい人たちだと思った」と言われたことだ。来日したばかりの彼らには当初、団地の住民が日本人なのか中国人なのか、分からなかったのも無理はない。

団地建物内の廊下を歩いているとと異臭がするらしいのだが、これは近くの中国人住民がトイレの汚物を流さないからだという。筆者が前会長宅に伺うために建物内に入ったときは何も感じなかったが、よくあることらしい。真下さんらが異臭について注意すると、中国人住民いわく、「水は貴重だから、トイレは3~4日に1度しか流さない」のだという。中国に住んでいたころ、水は貴重だから3~4日に1度しか流してはならないという地方政府のお達しがあり、それを守っているのだと言うから、「?・?・?」となる。しかも、使用後のトイレットペーパーは流さない。中国のちり紙を流すと、すぐに詰まるからだという。

ここは日本である。中国の習慣を当たり前のように持ち込む感覚には、改めて驚かされるではないか。ここが日本であることを噛んで含んで説明し、理解してもらうしかなさそうだ。ただ、真下さんがどうしても納得できないというのは、声の大きさだ。日中に大声で話すのは当たり前、夜、団地の外で大声で会話しないよう注意すると、その大きな声で逆ギレし、威嚇《いかく》してくるのだという。

団地のビルは中庭を取り囲むように建っており、夏の夜、涼みに中庭に集まる彼らの声は高層階にも響く。逆ギレする中国人を落ち着かせて言い分を聞くと、「中国国内はどこもかしこも建設ラッシュで、鎚音《つち》がうるさくて相手の声が聞こえないから、お互いに自然と声が大きくなるのだ」という。ここは日本だからそんな言い訳は通用しないと説くと、「日本語は分からない。私は知らないよ」と、流暢《りゅうちょう》な日本語を話しながら、その場を立ち去るのだという。

真下さんは、ＵＲ所属の中国語通訳から、中国では「自分のモノは自分のモノ。他人のモノも自分のモノ。盗られる方が悪い」という文化だから、よくよく気をつけた方がいい――とアドバイスされたそうだ。話には聞いていたが、中国人から実際そんなことを聞くのは筆者も初めてなので、大変に驚いた。

前の自治会長、韮澤さんの家族の言葉が脳裏を離れないから記しておく。

「エレベーターを降りて日本語が聞こえるとホッとする」

ニセの夫と団地に入居

千葉市美浜区を初めて訪れたのは２０１８年の8月だ。都心から電車で40分ほどの通勤圏に位置するＪＲ稲毛海岸駅周辺の高浜と高洲エリアには、５階建ての団地が数え切れないほど林立する。

「チャイナ団地」として知られる埼玉県川口市の芝園団地に負けるとも劣らず、中国人が多く住む団地として地元では有名だ。昨年夏以降、このエリアを3度訪れたが、自転車置き場も、ゴミ捨て場も分別され、共用スペースはきれいに使用されていた。

その後、どうなったか気になったので、以前、取材に応じていただいた方と連絡をとってみた。千葉市美浜区の高浜県営第2団地の会長に就任して13年近くになるという主婦の鈴木孝子さん（59歳）だ。

前回訪れたときは、中国人住民による騒音だけでなく、偽装結婚も流行《はや》っていると聞いた。それどころか、偽装ですら結婚していないのに、夫婦を装って団地に居住している中国人女性がいるというのだから、あきれる。

このエリアの県営団地に居住するには、婚姻していることが条件であり、独身は不可。このため、日本語の出来る「ニセの夫」と結婚したことにして、日本語のまったく出来ない中国人女性が入居しているケースもある。彼らは2年前に夫婦だと偽って県に届け出を行い、その後「ニセの夫」は他県に転居し、「ニセの妻」だけが現在も県営住宅に住んでいるという。この妻が中国本土から家族や親戚を呼び寄せたらどうなるのか。住居資格のない中国人が、大挙して県営住宅に転がり込むのは間違いない。

夫婦として住民登録したはずなのに夫の姿が見えないことを不審に思った自治会がこの女性から事情を聴くと、「夫は長野県で仕事をしているから別居している」と答え、女性は市内の食品会社で単純労働をして生活費を賄《まかな》っているという。

一方の中国人男性は、自治会からの連絡に対し、「自分の役割は終わった」と答えたというから、バカ正直というより、日本人住民をナメているのだろう。入居希望の届け出を提出する際に夫婦だと申告したのは女性の居住場所を確保するための虚言であったことをあっさり認めているのだから、あいた口がふさがらない。

だが、外国人とはいえ、店子《たなこ》の人権問題が気になるのだろうか。腰の引けた千葉県は、有効な手を打たないままでいる。刑法犯でないとはいえ、こうした移民が原因で、本来住む資格のある日本人が住むことができないでいるケースがあるのなら、何をか言わんやである。

駐車場申請も真っ赤なウソ

前項の中国人女性に再び登場してもらおう。彼女は、ウソの夫婦申告だけでは飽きたらず、ニセの駐車場申請も出していたという。

この場合、日本の自動車免許（普通）を取得したとして提出した、団地駐車場の専用スペースを使用する申請書にウソがあった。女性が契約した駐車スペースに出入りする車を運転しているのがいつも男性であることに不信感を持った自治会側が調べたところ、女性が免許を取得したというのは、実は真っ赤なウソ。駐車スペースを使用していたのは女性の弟だった――というのだから、自治会関係者でなくても聞いて呆れてしまうではないか。当の女性は悪びれるでもなく、騙された方が悪いと言わんばかりの態度だったという。

ほかにも、この女性のような、駐車場の不正な使用申請が発覚している。互いに友人同士だという30代の中国人男女のケースだ。最近、この女性が日本の免許を取得したとして駐車場の使用を申請したので、許可したという。取得したのは事実だが、普通免許であり大型免許ではなかった。にもかかわらず、駐車スペースに鎮座していたのは、その広さを超えて頭を突き出していた2トントラックだったのである。駐車場を使用している他の住民にとっては、ただの邪魔でしかない。この女性は、迷惑駐車であることをまったく気にしていないのである。

警察でも県庁でもない自治会だから、申請の際、いちいち免許証の提示は求めない。そのために起きる不正使用なのだ。しかし、それを指摘されて開き直るところが、異邦人たる、生命力・生活力ともに旺盛な中国人なのである。自治会関係者の証言から、そのときのやりとりを忠実に再現してみよう。

自治会関係者「トラックの免許は取ってないでしょ。普通車しか停められませんよ。しかも、別の人が運転しているではないですか。正直に申請しなければダメじゃないですか」

女性の知人男性「ワダシがこのヒトに運転教えるからダイジョウブ。トラックでも同じ、ダイジョブ。なんで人の仕事の邪魔スルか」

話にならない。とどのつまり、普通免許は取得したものの、異国（日本）の公道などまるで運転できない女性の普通免許証を足がかりに、男が自分の所有するトラックの駐車場所を探していただけなのである。トラックの駐車を見た自治会関係者によると、荷台には、どこから運んできたか分からない鉄線やらケーブルやらが満載だったそうだ。

もう一つ興味深いのは、このチャイナ団地の駐車場に、ファミリー向けの新車が並んでいることだ。自治会長の鈴木さんに聞くと、団地の中国人は銀行口座も持たず、かといって現金も貯め込まず、自家用車に投資するという。新車であれば、入り用のときにすぐ現金化できると同時に、日ごろは、「日本で成功している」という自らのステータスになるのだ。

さて、この千葉のチャイナ団地でも盆踊り大会があったので、現地を見に行った。7月13日土曜の夕方から夜にかけて、民謡の大音響に合わせ、地元自治会の大人や子どもらが、バチを両手に和太鼓を一生懸命、叩いていた。

埼玉・芝園団地と違うのは、この街は新たな入居者が多く、日本の生活習慣を覚えて洗練されつつある芝園団地と違って、生活習慣や文化の異なる新たな移民による、むき出しの生活感があることだ。ある中国人の母親は、屋台で買った焼き鳥を片手で食べながら、盆踊りの輪に入りたがっている子どもの行く手を片足を上げてふさぎ、大きな声で「そっちに言ってはダメ」とやっていた。

千葉の「チャイナ団地」でも、住民による盆踊り大会が行われていた＝2019.7.13、千葉市美浜区

2大チャイナ団地を結ぶ違法販売

点と点がつながり、線になった。それはいずれ面となり、首都圏で静かに、しかし着実に広がり続ける予兆と見てよいだろう。

中国人が多く住む、通称「チャイナ団地」のこと

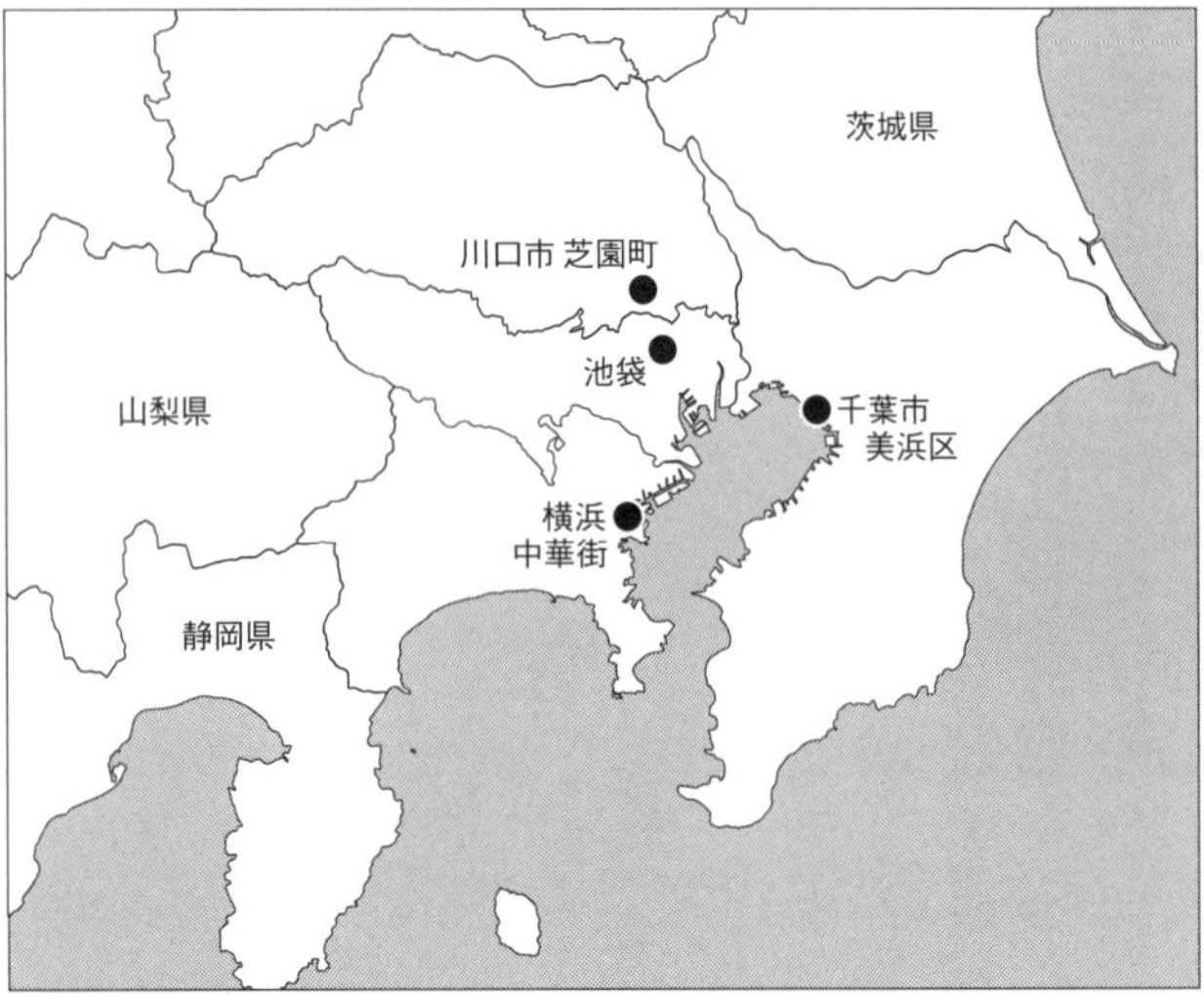

首都圏のチャイナタウン所在地と古くからの横浜中華街

だ。ここまでレポートしてきた、千葉市美浜区の高浜・高洲エリアと、埼玉県川口市の芝園町である。

点と点をつないだのは、無許可で食肉を販売していた中国人ドライバーだ。２０１８年８月ごろから、川口ナンバーをつけた保冷車が美浜区を訪れるようになった。中国人が中国人を相手に商売をする、よくある光景である。19年７月、西川口エリアを歩いていて、その店を発見した。店構えからして日本人を決して寄せつけない、牛の背骨とか見たことのない肉の部位を記した大きな看板が、店外に掲げてあった。

美浜区のＪＲ稲毛海岸駅前には、巨大なスーパーがある。どこで何を買うのか、それは消費者のまったくの自由だが、それが違法販売による食肉であれば、話は別だ。百歩譲ってそれを買う中国人たちは違法販売と知らなかったとしても、食中毒や伝染病の発生の危険性がある。衛生上、極めて重大な問題だ。

自治会や千葉県警千葉西署の話だと、毎週日曜の朝、保冷車が地元の小学校前に横づけし、中国人住民らが冷凍の食肉を大量に購入していたのだという。大勢の中国人が集まり、両手に持ったスーパーのビニール袋いっぱいに冷凍肉を買っていた。

18年11月、県営住宅を管理する千葉県や千葉市保健所などが、この中国人ドライバーから話を聞いた。彼は以前、埼玉県蕨《わらび》市で食肉販売をしており、食肉加工の取扱い免許があったというが、証拠はない。食肉販売には、食品衛生法に基づき、都道府県知事の許可が必要だ。だが、ドライバーは昔も今も、千葉県知事からの販売許可を受けてはいなかった。

千葉県や県警は、常習性がなかったため、注意だけして放免したという。だが、この食肉販売の男性は味をしめたのだろう。それ以降も高浜エリアで違法販売を繰り返していた。県警は何をやっていたのか。問題が起きてからでは遅いのだ。のちに厳しく指導したというが、この時点では怠慢としか言いようがない。

地元住民は、こうした違法販売だけではなく、前述のような騒音やゴミ分別の無視など、自治会ルールを無視する問題にも悩まされている。県営住宅を管理する県に、今まで以上の取り組みが求められるのは、言うまでもない。

第二章　日本を滅ぼす移民政策

消えた留学生

２０１９年、気温30度を超える蒸し暑い平日の6月28日午後、東京・ＪＲ池袋駅の東口を出て数分ほど歩くと、白地に青文字で校名が書かれた巨大な看板が目に飛び込んできた。

「東京福祉大学」

過去３年間で外国人留学生１６１０人が所在不明となった大学だ。

消えた留学生はどこに行ったのか。大学周辺を歩いたのは、校舎から出てきた在校生に話を聞くことができれば、彼らの居場所や消息の糸口が分かるのではないかと考えたからだ。

最初に、池袋校舎のメインキャンパスで学生が多い９号館に向かった。正面玄関では腕章をした男性職員が鋭いまなざしを四方に光らせている。９号館には昨年10月、労働組合員らが多数、抗議デモに押しかけた。所在不明の留学生問題が発覚した後には、新聞やテレビの記者が押しかけたため、大学側も警戒しているのだろう。別の場所に移動し、2時間近く待って、ようやく出て来た男性に声をかけることができた。

男性は昨年12月に、日本語を1年間勉強する「研究生」課程を修了したという。この日は、在籍中の義弟に会うため大学にやってきた。

「研究生」とは、入学前に日本語を学ぶ予備教育などの目的で、各大学が定員外で受け入れている留学生のことだ。非正規の学生である。

文部科学省によると、法令上の規定はなく、各大学の判断で募集しており、受け入れ数に上限はない。大学が授業料収入を当て込み、営利目的で研究生をかき集める誘惑がそこにある。所在不明者を大量に出した東京福祉大に世間の厳しい視線が注がれるゆえんだ。同大には、日本語能力が基準を大幅に下回る学生が多数存在していたことが判明している。

「消えた留学生」問題に揺れた、東京福祉大学の池袋キャンパス＝2019.6.28、豊島区東池袋

さて、この男性だが、修了証を見せてもらったわけではないため、本当に修了したのか、所在不明となった〝消えた留学生〟なのか、その真偽は分からない。彼の義弟に迷惑をかけるわけにもいかず、大学にはこの男性の在籍記録などの照会をしなかった。

男性の名は、ミョーココウー（仮名）さん27歳。ミャンマー最大の都市、ヤンゴン出身。大学の学部進学を前提とした研究生にしては年齢が高い。聞くと、来日前は母親と農業で生計を立てていたという。

２０１７年12月に東京福祉大の研究生として入学し、18年12月に修了。日本語での意思疎通は、なかなか難しい。バイトの話になると口数が多くなるところを見ると、彼は学校ではなく、むしろ、バイト先で実践的な日本語を学んだようでもある。

来日のきっかけは、ミャンマーにいる知人の紹介だ。地元の斡旋《あっせん》業者に80万円を支払い、東京福祉大には年間の授業料として75万円を支払った。斡旋業者には、「留学ビザで学校に通いながら働くことができる」と言われたという。

東京福祉大学の元研究生。ミャンマー最大の都市ヤンゴン出身の 27 歳＝ 2019.6.28、豊島区東池袋

ミョーココウーさんは現在、埼玉県内にある自動車整備の専門学校に通う。それ以外の時間は、港区内の弁当店で夕方5時から午後10時まで、毎日バイト漬けだという。時給を聞くと「１３００円。日本が一番高いよ」と嬉しそうに笑った。本来、研究生は1年間のコースを修了したあと、試験を受ければ正規の学部に進学できるのに、なぜしないのか。彼は「自動車整備の技術を覚えながらお金をため、将来はトヨタに就職したいから」と即答した。

銭湯の2階で授業する大学？

ここで、東京福祉大をめぐる問題を簡単におさらいしておく。同大がにわかに注目を集めたのは、今年3月、産経新聞が「研究生として受け入れた留学生700人が所在不明」と報じたのがきっかけだ。

雑居ビルやマンションの一室、銭湯の2階での授業……。

文科省と出入国在留管理庁が今年3月から5月にかけ、東京福祉大を立ち入り調査した結果、教育機関として施設の不備が次々と明らかになった。極めつけは、教室内にトイレがあり、授業中でも別のクラスの留学生が出入りしていたことだ。急増する学生に施設の整備が追いついていない実態が明らかになった。

東京都北区の王子キャンパスでは、この1~2年で、銭湯2階の臨時教室を含め、本部ビル以外の教室が15カ所に増えた。学部生の教育の場を圧迫するような学習環境なら、文科省の定める「大学設置基準」に抵触する恐れもある。

東京福祉大は、2000（平成12）年12年に群馬県伊勢崎市に開学した私立大学で、現在は全国4拠点に3学部を展開している。同大の研究生を含めた留学生数は、27年度の1403人から3年で約3・7倍に急増した。

日本学生機構によると、18年度は早稲田大学に次ぐ全国2位の5133人を受け入れた。同年度は社会福祉学部の学部生1435人に対し、研究生は2627人で、全体の65％を占めている。

学費収入は2015年度から2年連続で5億円規模で増え、17年度までの増収額は、約11億5600万円にのぼった。研究生の選考は書類と面接で行うが、18年度の選考では、99％が合格している。

こうした実態を見れば、大学側が増収目的で安易に多数の研究生を受け入れていた疑惑が持たれるのも当然である。留学生をカネのなる木と見て、積極的な〝留学生ビジネス〟を展開していたのだろう。

遅ればせながら、文科省は6月11日、この東京福祉大について、留学生の不適切な受け入れや不十分な管理体制が大量の所在不明者を発生させたとして、研究生の新規受け入れを停止させる方針を明らかにした。留学生の受け入れを認めない、厳しい措置である。多数の所在不明者を出してきたのだから、当然といえば当然である。消えた留学生が不法就労すれば、大学が犯罪を助長しているのも同然だ。

文科省は、過去にわいせつ行為を繰り返したとして実刑判決を受けた元理事長が大学の運営に関与していたことを理由に、私学助成金を5割減額する方針を今年3月の参院文教科学委員会で明らかにしている。同省は、私学助成金のさらなる減額や不交付も検討する方針だ。

同大への私立学校振興助成法に基づく国の補助金は、29年度で約4億3400万円にのぼる。

文科省は同時に、東京福祉大にとどまらず、所在不明者が多数発生した大学などへの改善指導を強化していく方針も発表した。改善しなければ、「在籍管理非適正大学」として在留資格の付与を停止し、大学名を公表することなどが柱だ。

だが、監督官庁である文科省の対応にも疑問符がつく。

柴山昌彦文科相（当時）は会見で、「性善説に立っていた。的確な把握が遅れたことには問題があった」と対応のまずさを認めたが、聞いて呆れるではないか。すでに前年6月、東京福祉大教職員の有志が文科省に出向いて、消えた留学生の問題を告発しているのだ。「対応した担当官は親身になって耳を傾けてくれた」（教職員有志の一人）というが、報告を受けた文科省の上層部が事の重大性をきちんと認識していれば、ここまで事態は酷くならなかったはずだ。

まず第一に責められるべきは大学側だが、監督官庁としての文科省の責任は軽くない。留学生の管理が甘くなれば、それだけ不法就労の温床になりかねないのである。

ガバチョ、ガバチョと儲かる

東京福祉大の元教授で臨床心理士の出嶋清一氏（71歳）に話を聞くため、2019年6月28日と7月6日の2回、都内の事務所を訪ねた。

田嶋氏は1947（昭和22）年、名古屋市生まれ。早稲田大学大学院修了。田嶋心理教育相談室を主宰している。2018年3月まで東京福祉大で心理学部教授を務めていた。

田嶋氏は開口一番、「東京福祉大の最大の問題は、研究生の管理体制をほとんど考えないまま、巨額の金儲け主義を先行させたことだ。これが大量の所在不明者の発生につながった。元凶は元理事長にある」と語った。

ちなみに元理事長は、田嶋氏と中学時代のクラスメートだ。田嶋氏は大学側による自身の解雇が無効だとして提訴し、現在も関連の訴訟で争っている。

田嶋氏は、東京福祉大で留学生が大量に所在不明者になったことが発覚した後の今年4月、文科省で記者会見し、元理事長が留学生受け入れにより120億円を得られる旨の発言をしたとする音声を公表した。

音声は、2011（平成23）年9月の会議のときのものだといい、「総長」とされる人物が「勝手な試算だけど、120億入るって」などと発言。さらに、「そしたらガバチョ、ガバチョ」などと、「がっぽり」といった意味の言葉を使っていた。

田嶋氏によると、元理事長は「総長」と呼ばれていた。この録音内容は、訴訟で証拠として提出されている。

東京福祉大は筆者の取材に対し、7月5日夕、法人事務課の差出人名で、音声の真偽について「古い話であり、当時を知るメンバーもほとんどいないため、はっきりいたしません」と回答した。

田嶋氏は、「法的に権限のない元理事長が、大学の経営と教育に関して裏で支配し、影響力を行使している。教職員はモノも言えずに萎縮している。これが東京福祉大の実態ですよ」と語る。さらに、「元理事長は刑事事件で実刑判決を受け、それ以降、大学経営には関わらないという約束を文科省にさせられたが、依然として大学運営の実権を握っている」と話す。

研究生が大量に所在不明となった問題については、「勉学環境に見合った定員を設けるべきだ。教職員スタッフも充実させねば、学生たちに目が行き届かない」と語る。

その学生たちだが、田嶋氏によると、開校後しばらくは中国人や韓国人が多かったが、ここ数年はベトナム人やネパール人が多いという。

前出のミョーココウーさんのように、学生だって、出身国の斡旋業者に多額の金を払い、大学にも70万～80万円を支払っている。

来日目的が就労で、それをカムフラージュするための留学生ビザを取得する代金だと割り切って大学から消えたのか。あるいは、本気で日本語を身につけ大学で勉強したかったのに、勉学環境の悪さを嫌って消えたのか。

留学生にはそれぞれの事情もあろう。だが、はっ

東京福祉大学の元教授で、同大を提訴した臨床心理士の田嶋清一氏＝2019.6.28、東京都新宿区

きりしているのは、大学に納めた学費がパーになり、借金だけが残るという事実である。学生が就労目的で消えるのも、むべなるかなといった感じだ。

田嶋氏は、「金儲け主義の学校経営をしていたらダメですよ。消えた留学生はともかく、日本人であれ留学生であれ、真面目に勉強して卒業した学生の最終学歴が、東京福祉大になるんですよ。社会に出て後ろ指をさされたら、かわいそうではないですか」と語る。

確かに日本の社会では、学歴は一生ついて回る。東京福祉大には、消えた留学生もいれば、真面目に勉強している留学生や日本人の学生もいる。彼らの名誉のために記しておくが、同大は実績も上げている。平成31年の国家試験の合格者数だ。社会福祉士198人、精神保健福祉士196人、教員採用試験47人、公務員試験合格者40人など。

学生もそうだが、徹底的に膿《うみ》を出さねば、教育現場で一生懸命に頑張っている教職員も浮かばれない。

東京福祉大は田嶋氏の主張について「数字の誤りや憶測で述べられていることがほとんどです」などと反論している。また、「本学は研究生の人数に応じた教員の採用・配置、教室の準備、支援体制の拡充を行ってまいりました。学部研究生の増加に対して施設の整備が一部、間に合わなかった部分がありましたが、6月11日の文科省、入管庁のご指摘、ご指導を真摯に受け止め、改善に努めてまいります」と回答してくれた。

銭湯の2階を教室に使用していたことについては、「地元北区が教室（コミュニティ会館）

として借りて使用していたものが空いたので、専用の入口を設けるなど適切な基準になるように整えて使用していたものです。なお、今後は教室としての使用はやめる予定です」と答えた。

留学生という名の人身売買

留学生をめぐる問題は、この東京福祉大が初めてではない。

2016年には、茨城県取手市の専門学校が定員の3倍に当たる約890人の留学生を受け入れていたことが発覚した。多くは就労目的で、学校側は入管に出席率を水増しした書類を提出していた。2004(平成16)年には山形県酒田市の酒田短期大で、受け入れ予定の中国人留学生265人が在留資格を満たしていないことが発覚している。

でたらめな運営をする日本の学校が〝消えた留学生〟を量産している実態は、ここまで見てきた通りである。だが、大事なことは、これらの問題を一部学校の特殊な問題として片づけるのではなく、構造的な問題との認識を、国も教育現場も広く共有することである。

政府が留学生や外国人労働者の受け入れで旗を振り、就学ビザが留学ビザに統合されるなどして、ビザの発給要件が緩和されたことも背景にある。それは、東京福祉大も筆者の取材で認めている。

東京福祉大は、研究生が急増したことについて、「日本語学校から進学を希望している留学生の受け入れ要請が年々増加したこと、政府の２０２０年留学生30万人計画を踏まえたことから、平成28年度以降の学部研究生が増加したことが主な要因です」としている。

実際、日本の人口が減少に転じた２００８年、当時の福田康夫首相は「留学生30万人計画」をぶち上げた。そして、この数字を達成するために、官民挙げて留学生の受け入れに躍起《やっき》となっていったのは、動かしがたい事実である。

もちろん、日本に興味や関心があり、真面目に勉強したいという留学生は大歓迎だ。尖閣諸島への挑発をやめない中国や、政府が反日ばかりやっている韓国からの留学生であったとしても、日本の文化や歴史、アニメが好きで、もっともっと日本のことを知りたいというような留学生には、将来、母国と日本の掛け橋になってほしいと思う。だが、結果として、東京福祉大のように、大学から消え、単純労働の現場で人手不足の穴埋めに利用されているのだとしたら、問題の根は深い。

そもそも、留学ビザ申請の段階で、在外公館での財政証明書などの審査がきちんと行われていれば、簡単に来日などできるはずがないのだ。

〝消えた留学生〟がずさんな審査を経て、日本人がやりたがらない、いわゆる３Ｋ（きつい、汚い、危険）仕事に従事し、留学生も借金返済のためにわが国の経済活動を下支えする構図が定着しつつある、というのが実態だ。これを放置すれば、いずれ階層分化が進み、彼らの不平や不満がどこかで爆発して、社会問題化するだろう。

今年３月、参院予算委員会で就労目的の偽装留学生の問題を取り上げた石橋通宏《みちひろ》参院議員は、産経新聞のデジタルサイト「ｉＲＯＮＮＡ」に寄稿し、こう語っている。

「構造的かつ組織的に、人手不足の穴埋めとして留学生制度が悪用され、途上国の貧しい地域の若者が食い物にされているのが、この偽装留学生問題の真相なのだとすれば、国際的にみれば『人身売買』との批判すら受けかねないこのような悪弊を許しておくわけにはいかない」

留学生30万人計画

東京福祉大に象徴される〝消えた留学生〟の実態は、ここまで見てきた通りだが、日本には現在、いったい何人の留学生がいるのだろうか。

独立行政法人「日本学生支援機構」によれば、２０１８年5月１日現在、留学生は29万８９８０人で、17年の同時期に比べ、３万１９３８人（12・０％）の増加である。

内訳は、専門学校から大学院までの高等教育機関に在籍する外国人留学生数は、20万８９０１人（10・９％増）だった。日本語教育機関に在籍する外国人留学生数は、９万79人（14・５％増）と、こちらも増えている。

前述のように、日本政府は２００８年、福田康夫政権のときに、優秀な人材を戦略的に獲得していくことを前提に、「留学生30万人計画」を打ち出している。これは、自民党が叩き台となっている。この粗雑な案については後述するが、かなりいい加減かつ無責任な内容であり、今さらながら、その亡国ぶりに慄然《りつぜん》とする。

さて、政府の留学生30万人計画だが、福田首相が「日本を世界に開かれた国とし、人の流れを拡大していくために重要である」とし、08年1月の施策方針演説で打ち出したものだ。これを受け、7月29日に文部科学省が策定し、日本が世界に対してより開かれた国へと発展する「グローバル戦略」の一環として、２０２０年に日本国内の外国人留学生を30万人に増やすという計画である。外国人に対して、日本の大学への入り口と、卒業後の社会の受け入れ態勢の改善を行うなどといった政策を実施することにより、日本社会そのもののグローバル化を目指すとしている。

政府の立てた当時の目標は、数字だけを見れば、ほぼ達成している。優秀な人材も来るには来たのだろう。だが、その後、日本企業に就職したのか、帰国したのか、公式の統計資料がないので分からない。はっきりしているのは、数字の帳尻合わせを最優先にし、学生たちは玉石混淆の感が否《いな》めないことだ。さきの東京福祉大の例を見ていると、なおさらそんな思いを抱かされるのである。

それもそのはず、その実態は「出稼ぎ留学生」だからだ。日本人がやりたがらない「きつい、汚い、危険」という3K労働の担い手として低賃金で働いてくれる留学生への期待が高まり、人手不足に悩む中小企業から熱い視線を浴びているからである。

コンビニやファストフード店、レストランなどでよく見かける外国人は、そのほとんどが留学生といってよかろう。中には、ラーメン店や蕎麦屋で、日本人従業員なみに腕を上げ、年老いた店長に代わって、店の大黒柱として重要な役割を果たしている留学生が少なくないのも知っている。実際、筆者行きつけのラーメン店で、アジア系の男性従業員が、ゆでた麺を手際よく網ですくい上げ、逆落としとしながら湯切りする姿は、ほとんど日本人プロフェッショナルと見まがうばかりだ。

もちろん、「出稼ぎ留学生」ばかりではなく、週28時間の枠内でバイトしながら勉学に励む留学生の方が多いのだろうが、この傾向はしばらく止まる気配がなさそうだ。なぜなら、現地のブローカーが日本語学校や専門学校と結託し、ビジネスチャンスとばかりに若者をターゲットにして留学を斡旋し、多額の手数料を吸い上げるというビジネスモデルが、しっかり出来上がっているからである。「学校に通いながら働けるよ」という現地ブローカーの甘いささやきは、東京福祉大の元研究生ミョーココウーさんの証言にある通りだ。

さて、日本政府による「留学生30万人計画」だが、その中身を見ると、国家がこうしたブローカーをやっているのと何が違うの？という感じである。

「母国で入学手続きを可能に！」「入国審査の簡素化」「英語のみのコースあり」「米日1年以内は宿舎を提供」「奨学金もあるよ」「卒業後の留学生の雇用促進」——などなど、美辞麗句のオンパレードだ。

移民政策を掲げない日本政府にとって、留学生はまさに人材不足を補う「陰の労働力」として期待されている面は否めない。だからこそ、観光パンフレットのようなキャッチフレーズを平然と並べるのであろう。多文化共生社会と言いながら、留学生の93％がアジア諸国の出身であることが、その良い例だ。欧米諸国やオーストラリアといった国からの留学生もいるにはいるが、コンビニのレジに白人留学生が立っているのは稀《まれ》ではないか。

こうした働く留学生は、日本の大学経営をも下支えしている。日本には国公私立大学が計780校（2017年現在）あるが、そのうち45％の私立大学が定員割れしているとの試算がある。

例えば、福岡市に本部を置く日本経済大学（太宰府市五条）の東京・渋谷キャンパスは開設初年度の2010（平成22）年、940人の新入生のうち、90％が中国人だった。ここまで来ると、もう恥も外聞もないといった風情で、日本政府のお墨つきがあるのをいいことに、やりたい放題だ。

外国人留学生受け入れ数の多い大学を挙げると、早稲田大学、東京大学、東京福祉大学、日本経済大学、立命館アジア太平洋大学（APU）などの第一集団がある。各大学の統計のとり方がまちまちで単純比較ができないため、留学生数は明記しなかった。

最も多かった早稲田大は、2019年5月1日現在で、6124人が在籍している。内訳は学部生2410人、大学院2970人などとなっている。国籍別では、図抜けて多いのが中国で、3419人（55・8％）、次いで韓国の810人（13・2％）、台湾436人（7・1％）と続いている。

さすがは自他ともに認める私学の雄、早稲田大学である。時流に乗って、国家主席が「中国夢」を標榜し、世界制覇を目指す中国からの留学生を、しっかりサポートしている。しかも早稲田大学は、孔子学院ではまだ足りない——とばかりに、系列の早稲田高等学院にも、孔子課堂を付設している。

大学の国際化と言えば聞こえが良いかもしれないが、その実態は「静かなる中国化」であり、キャンパスも授業内容も、目まいがするほどの中国共産党漬けである。

天安門事件やウイグル、チベット問題をしっかり取り上げているのか。2008年に胡錦濤国家主席が来日した際には、大隈講堂で講演をしている。この際、多くの中国人留学生が在京中国大使館から動員をかけられ、巨大な五星紅旗を持ってキャンパスを埋め尽くした。

米国やカナダ、オーストラリアの大学の動きと逆行して、孔子学院を閉鎖する動きが、早稲田大をはじめ、わが国の大学でまったく出て来ないことに、中国共産党マネーの威力と、微笑み戦術の薄気味悪さすら感じさせる。

早稲田大は2017年度、国から92億4千万円の補助金を交付された。共同運営の孔子学院にこの一部が流れてはいないか、文部科学省が所管外というのなら、国会が国政調査権を行使して実態を調べるべきである。

亡国の自民党提言

さきに述べたように２００８年1月、福田首相の施政方針演説を受け、その年の7月に文科省が策定したのが、政府の「留学生30万人計画」だが、これに先立ち、自民党は２００８年6月に「人材開国！　日本型移民政策の提言　～世界の若者が移住したいと憧れる国の構築に向けて」の中間とりまとめを発表している。タイムラグはあるが、政府と自民党が連携しながら取り組んでいたことは明白だろう。

この提言は、自民党の中川秀直元幹事長が中心となった党国家戦略本部「日本型移民国家への道」プロジェクトチームがまとめたものである。主なメンバーは森喜朗、町村信孝、杉浦正健などの諸氏だ。そこには、外国人を労働力として何が何でも迎え入れたいという目的がまずあった。

自民党提言では、在留資格制度の改正案として、「留学」と「就学」の在留資格を「留学」に一本化する案など、実際に制度化された実用的なものもある。しかし、その内容はまさに画餅であり、仮に進むべき道を間違えて実現されてしまったら、日本の衰退が確実に訪れる、亡国の内容となっていた。

政府の留学生計画や最近の改正入管法と違うのは、政府がこれを「移民政策ではない」としているのに対し、自民党ははっきりと「移民政策の実現」をうたっている点だ。政府の方針は今も変わらないが、これは国民の目を欺く目くらましというほかない。

そこには、もし移民国家を宣言するようなことになれば、政府としての受け入れ体制が整っていないだけでなく、国の根本的なあり方として国民のコンセンサスが得られておらず、大きな反発は免《まぬが》れないとの判断がある。

安倍晋三首相は２０１８年10月29日の衆院本会議での代表質問で、外国人労働者の受け入れ拡大に向けた入管難民法改正案に関し、「深刻な人手不足に対応するため、真に必要な業種に限り、一定の専門性技能を有し即戦力となる外国人材を、期限を付して、わが国に受け入れようとするものだ。移民政策ではない」と明言している。

さて、改めて自民党提言を見てみよう。今から11年前の提言だが、政府がこの自民党提言の内容に沿う形で改正入管法を成立させて外国人労働者をバンバン入れ、留学生30万人計画目標を達成しているのを見れば、かなりの確度でこの提言が活かされていることが分かるだろう。

提言はまず、政策理念として、「移民立国で日本の活性化を図る」としている。理由としては、「日本が、世界のどの国も経験したことのない高齢化社会の道を歩み始めた」ことを挙げている。その上で、「多民族共生社会を作るという日本人の覚悟が求められる」などと他人ごとのように言っているのである。ただ、日本型の移民政策として、人材を海外から「獲る」のではなく、「育てる」姿勢を基本とする——としている。

筆者は、移民政策には基本的に反対だが、百歩譲ってこの部分は悪くない。中国からの来訪者を除いて。彼らは、自分たちが住んだところが中国であり、共同体をつくった土地が中国なのである。決して日本文化に溶け込まないし、溶け込もうとしない。多民族というより、他民族であり、多文化共生ではなく、他文化強制社会を志向する人々なのである。それは、埼玉の芝園団地や千葉市美浜区のチャイナ団地を取材していて、痛感したことである。どれだけの日本人住民が、騒音や、階段やロビーでの非常識な排尿や排便、恫喝まがいの言辞で迷惑をかけられ、苦しんでいるかを、多くの国民は知らないでいる。

自民党が言うように、「育てる姿勢」によって、中国人の中にも日本の伝統、文化、歴史といったものを尊重する中国人が出てくるかもしれないが、淡い期待は禁物である。生まれたころから反日教育を刷り込まれ、ひとたび日中関係がこじれれば、「反日無罪」の官製デモで在中国の日系商店や日本商品を破壊する人々である。そんなきれいごとでは済まされない、ということを、はっきり指摘しておきたい。

さらに、自民党提言の恐ろしさは、こんな文言にも出ている。

「人口の10%を移民にする」
「留学生１００万人構想」
「永住許可要件の大幅緩和」
「小中学校で多民族共生教育の実施」

そこにあるのは、人口減をただ数合わせで埋めようというもの、この国を乗っ取らせたいのか——と思わせるものであり、背筋の寒くなる内容となっている。

この200年間で50以上の国家と地域が世界地図から消えたとされる。戦争に負けて為政者が処刑されたり投獄されたりしたから消滅した国や地域ばかりではない。自らの保身や出世のため、国境の向こう側にいる人々と内通し、手引きをする「内なる敵」が確実に存在していたのである。自民党の提言が必ずしもそうだとは言わないが、結果として、異質なものを招き入れて国を傾かせる事態となるのであれば、無責任の誹《そし》りは免れない。

もちろん、政治的な難民や、日本が好きだという優秀な人材の受け入れにまで、何でもかんでも反対するものではない。中国人を含めて。しかし、この自民党提言はきれいごとばかりであり、実際に現場で外国人労働者や留学生を受け入れている人々に対しては、無責任はなはだしい内容であると言っていい。

名古屋大学国際開発研究科講師（当時）の浅川晃広氏は「日本の人口危機の解決には移民の受け入れ以外にないと決めつけ、その他の選択肢を最初から排除している。日本の問題は人口減少よりも、生産年齢人口の減少である。生産活動に従事する人を増やすことが大事で、この視点に立てば、直ちにいくつかの策が思い浮かぶ」という（日本ルネッサンス、週刊新潮2008年9月4日号）。

浅川氏は、具体策としてまず出生数を上げることや、機械化や自動化を進めて生産性を向上させることに加えて、これまで生産活動に従事してこなかった「高齢者、女性、障害者」の能力活用が大事だ、としている。そして、世界一の高齢国家である日本で、気力も体力も充実し、経験や知識を蓄えている「常識ある大人」たちが60〜65歳で定年退職してしまうのは、社会の損失だと指摘している。

実際、原子力関連技術や家電メーカーの技術者など、日本での再雇用がままならないために経験と知識、技術を見込まれて中国や韓国などで厚遇されている人々もいる。だが、それをけしからんと言えるだろうか。どこに再就職するかは個人の自由であり、こうした事態に歯止めをかけられないのは社会であり、国家の問題なのである。

女性も同様で、結婚や出産後に再度職場に戻りやすい制度改革や、被扶養者の103万円の枠を取り払って、それ以上の仕事をし、本格的な社会参加を奨励する税制改革も必要なのだ。2019年7月の参院選では、れいわ新撰組から2人の議員が誕生した。船後《ふなご》靖彦、木村英子の両氏だ。船後氏は難病のALS（筋萎縮性側索硬化症）患者で、木村氏は手足がほとんど動かない脳性まひの障害を持つ。

介護のあり方について、さまざまな議論が噴出しているが、重度障害者であっても働く場があるのだということを示すことができた点は、将来の日本の職場環境を考える上で一石を投じたのは間違いなかろう。

ジャーナリストの櫻井よしこ氏は、自民党提言について、「浅川氏が指摘する通り、そもそも問題設定が間違っている。間違った問題設定からは間違った策しか生まれない」と指摘している。また、自民党提言は、50年後に人口の10％、1千万人を移民で占めるよう、この国を誘導すると言っているが、この数字の根拠が示されていないと批判する。

法務省によると、2018年末現在、在留外国人は約273万1093人で、最も多いのが、中国人の76万4720人となっている。中国人は在留外国人全体の28・0％と、3割近くを占める。以下、国別に多い順に並べてみる。

韓国44万9634人（16・5％）、ベトナム33万835人（12・1％）、フィリピン27万1289人（9・9％）、ブラジル20万1865人（7・4％）、ネパール8万8951人（3・3％）、インドネシア5万6346人（2・1％）。

これら外国人材が日本にもたらすメリットも大きいが、同時に問題も生じている。その最大の要因が「日本語能力の低さ」（浅川氏）だという。これが原因で定職につけず、単純労働に従事するケースが多くなる。経済的に恵まれず、子どもの教育もおろそかになる。福祉への依存を強め、最後は社会に溶け込めずに犯罪に走るケースも少なくない。

数世代にわたって日本に住み、日本語を母国語とする朝鮮半島出身者や台湾人ら約33万人は別として、残る240万人には、満足な日本語教育を施せないでいるのが現状だ。この問題に対する処方箋を示さないまま、外国人労働者を入れて中小企業の人手不足の穴埋めに使おうという発想が、かつての自民党提言であり、それを引き継いだ安倍晋三政権の施策なのである。

浅川氏が指摘する。

「然るべき受け入れ態勢がない中で、十分な日本語能力のない人たちを大量に入れれば、それは即、低賃金労働者の増加、社会問題の発生につながる。少子高齢化は先進国共通で日本だけの問題ではない。日本が必要とする若い労働力は他国も必要としている。中国を含めてアジアでも若年層は無尽蔵ではない。台湾ではベトナム人花嫁が増えている。韓国でも外国人の受け入れ方針を打ち出している」

人口減や年金制度の維持に危機感を持つドイツは政府主導で、一定期間以上ドイツに在住する外国人には、ドイツ語や歴史、文化などの学習を義務づけている。これに対し、わが国は、具体的なメニューが何も決まっていない。口先で「日本語教育を施す」と言うだけで、具体策は雇用する企業まかせという、お気楽ぶりだ。政府主導で外国人受け入れを進める覚悟がなければ、韓国などの隣国に外国人材が流れるのは当たり前だ。

つまり、どんなに詐欺まがいの悪質ブローカーが暗躍しようが、呼べば必ず外国人労働者、そして潜在的な外国人労働者である留学生らが日本に来てくれるとは限らない。外国人労働者を当てにして、それを前提に経済活動を進めるのはいいが、彼らが来なくなったときはどうするのか。従来のビジネスモデルが破綻するのは火を見るより明らかだ。

法務省によると、2017年に学業を修了した外国人留学生のうち、日本企業への就職のために在留資格変更許可申請が認められた人数は2万2419人で、前年に比べ、15・4％増だった。就職先の業種は、非製造業が2万4418人（81・0%）、製造業が5720人（19・0%）だ。主な職務内容は、「翻訳・通訳」が8715人、「販売・営業」が5172人、「海外業務」が3479人、「技術開発（情報処理分野）」が2296人となっている。最終学歴は、大学卒が1万1196人、大学院卒が5477人で、両者で全体の69・9%を占めていた。

そこで、中国人留学生だ。在留外国人の最大勢力が中国人であることは前述した。在留資格変更を許可されたのは、やはり中国人が最も多く1万326人で、次いでベトナム人4633人、ネパール人2026人、韓国人1487人、台湾人810人と、アジア系だけで全体の95・5%を占める。中国人は全体の46%と、半数近くを占めている。

決して自民党の提言通りにしてはならないが、仮に人口の10%、1千万人近くを移民にしてしまうということは、必然的に最大勢力の中国人が爆発的に増えることを意味するのである。先述の通り、現時点で約76万人いる在留中国人は、全在留外国人約273万人の約3割を占める。一方、2045（令和27）年時点の日本の人口は1億人程度との試算がある。これを基に単純計算すれば、移民（在留外国人）の10%に当たる1千万人のうち、約3割に当たる300万人の中国人が日本に居を構えることになる。

これは有史以来、蒙古・高麗襲来と、さきの大戦で負けたとき以来の、「国家的危機」なのである。日本にとって、21世紀最大の問題は、中国との関係にあるからだ。宇宙やサイバー、5G、AI分野を共有する、米国はじめ多くの主要国が抱える問題でもある。

その中でも、地理的に最も切実なのは、日本だ。数百発の核弾頭ミサイルが東京をはじめとする日本の主要都市に照準を合わせ、さきの大戦の復讐に燃える中国共産党政権の、どこが友好国と言えるのであろうか。その意味で、仮想敵国からやって来る中国人の数は即、日本の平和と安全を脅かす不安定要因なのである。

つまり、在留外国人問題の核心とは、中国人問題なのである。この問題から目をそむけ続ければ続けるほど、シロアリに屋台骨を食い尽くされた家屋のように、日本は確実に終末を迎えていくことになる。

問題だらけの改正入管法

外国人労働者の受け入れ拡大を図る改正出入国管理法（入管法）が2019年4月1日に施行された。法務省入管局から格上げされた入管庁も発足した。多くの課題や制度上のあいまいさを残した中での、新制度のスタートである。

だが、このまま施行すれば政府や社会の混乱は避けられないだろう。少子高齢化に伴う深刻な人手不足を少しでも解消するのが狙いで、これまで認めてこなかった単純労働者の在留資格を新設し、実質的な永住に道を開く内容だ。具体的な対応策を示さないまま、政府・与党が強引に成立を図ったことは極めて遺憾だ。

政府の説明とは裏腹に事実上の「移民」解禁と言え、不安は大きい。日本は今後、勤労世代人口の激減時代に入っていく。受け入れ業種は14にとどまらず、いずれ、なし崩し的に拡大していくだろう。安い労働力の受け入れを続ければ、産業構造の変革を遅らせる。

新しい在留資格、特定技能1号・2号を創設したこの改正法は、2018年12月に成立した。この新たな在留要件は、一定の技能を持つ外国人を対象としているが、その水準は明示しておらず、運用上のばらつきが生じる可能性がある。肝心の規模もあいまいだ。対象業種は外食業など14種で、5年間で最大34万5150人を受け入れるが、法律には業種や人数は明記されていない。省庁が何を根拠に不足数をはじき出したのかも不明だ。

政府は、法律に明記すると景気の動向や雇用情勢の変化に対し機敏な運用ができないとして、省令の「分野別運用方針」で正式な受け入れ数を定めるという。しかし、これでは恣意的な運用を招きかねない。人手不足が解消されれば受け入れを停止する仕組みだというが、何を基準に「解消」と判断するのかも不明確だ。

とりわけ問題なのが、今回の受け入れ構想が、現状の産業構造や国内マーケットの規模を前提としている点である。安倍晋三首相は目先の人手不足の解消を強調するが、日本の勤労世代は今後25年間だけでも1500万人近く減る。どの産業分野も人手が足りなくなることは火を見るよりも明らかだ。当面の14業種でとどまるはずはなかろう。

問題は、ほかにもある。

例えば、外国人労働者には技能試験とともに日常会話程度の日本語試験が課された。だが、日本語教師には統一した資格がなく、教師による教育内容の差が指摘されている。

また、都市部への集中を回避できるのか。高収入を求めて来日する外国人が、仕事が少なく都会に比べて賃金が安い地方を選ぶとは思えないが、有効策は示されていない。その賃金も、新制度は外国人の賃金を「日本人と同等以上」と規定した。だが、それをどう担保するのかは企業の裁量に任され、現場には戸惑いが広がっている。

社会保障面でも不安は残る。政府は２０１９年2月、健康保険法を含む改正医療保険制度関連法案を国会に提出した。外国人による医療保険制度の不正利用を防ぐためだ。これによって、健康保険を使える扶養親族の認定については、原則、国内に居住していることを要件としたが、施行は1年後だ。不正な駆け込み利用をどう防ぐのかは不透明なままだ。

一方、既存の制度である技能実習生に対しては、違法残業などの人権侵害も明らかになった。外国人が安心して働き暮らせる環境を整えることが、迎え入れる側の安心にもつながる。焼け太りと言われぬよう、入管庁の手腕も問われる。

こうした場当たり的な対応は、労働現場の混乱を招き、生産性向上にブレーキをかける。日本を衰退させないためにも、2年後の見直し時期を待つことなく、受け入れ数の上限と期限を法律で定める、抜本的な見直しをためらってはならない。

さらに、これから減るのは働き手だけではない。当面増え続ける介護サービスなどは別にしても、人口減少に伴って国内市場は縮み、消費ニーズも変化する。外国人によって目先の人手不足を解消しても、需給バランスは早晩崩れる。

人口減少社会で重要なのは、安易に外国人で数合わせすることでは決してない。産業構造や社会構造の変革を急ぐことだ。ニーズや消費規模の変化を見通して、どのような仕事を、どれほどの期間と規模で外国人に委《ゆだ》ねるのかを定めることが先決である。

こうした手続きを踏まずに「安い労働力」に依存すれば、新たな成長産業は生まれにくい。日本社会は輝きを失っていくだろう。

そもそも、人手確保の順番もおかしい。国内には、働く意欲があるのに、その機会を得られない女性や高齢者がいる。非正規雇用に苦しむ若い世代も少なくない。なぜ、日本人の処遇や労働環境改善を優先しないのか。

外国人によって一時的な人手不足が解消するとしても、日本人を含む労働者の賃金水準が押さえ込まれてしまうことへの目配りがなさすぎる。

こうした現状を改善した上で、新資格で来日する人々を含めた外国人が安心して働き、暮らせる環境を整える必要がある。法律は安易な社会実験の道具ではない。改めて熟議を重ね、根本部分からの法律のつくり直しを強く求めたい。

興味深いのは、大手新聞が一様に、改正入管法を否定的に捉えていることだ。

産経新聞は2018年12月に改正入管法が成立した際、「強引に成立を図ったことは極めて遺憾」とし、朝日新聞は「生煮えの法案をつくり、拙速に成立をめざした」、東京新聞は「議論不足の見切り発車では禍根を残す」などと、政府・与党の対応を手厳しく批判した（産経新聞2018年12月19日付 電子版）。

ただ、外国人受け入れ拡大自体への明確な反対が示されたわけではなかった。

少子高齢化により深刻化する人手不足の解消のため、何らかの手を打つ必要があるというのは、各紙に共通する認識だ。

日経は「人口が減るなかでも日本が成長するためには必要な制度改革といえる」と評価した。その上で、中長期の視野に立って受け入れ体制を整え、「外国人に選ばれる国をめざさなければならない」と訴えていた。

読売は「有効求人倍率はバブル期並みの高い水準にあり、農業や建設現場は人材確保に苦慮している。在留資格を、単純労働の分野にも広げることはやむを得ない」と、人手不足の厳しい現状から理解を示している。そして、日本で働く外国人の4割は技能実習生とアルバイトの留学生だとして、「いびつな形で外国人労働者を増やすのは、限界がある。政府が主体的に関与しつつ、外国人就労の包括的な仕組みを整えることは評価できる」と論じた。

一方、安易な外国人頼みに警鐘を鳴らしたのは産経である。人口減少社会で重要なのは、働き手の確保よりも、産業構造や社会構造の変革を急ぐことだとし、「ニーズや消費規模の変化を見通して、どのような仕事を、どれほどの期間と規模で外国人に委ねるのかを定めることが先決であると主張した。こうした手続きを踏まずに『安い労働力』に依存すれば、新たな成長産業は生まれにくい。日本社会は輝きを失っていくだろう」と断じている。

産経は、今回の外国人受け入れ拡大の最大の問題点として、将来の見通しを欠き、現状の産業構造、国内マーケット規模を前提に構想されたことを挙げる。

これに対し、安倍首相に対する批判を前面に出したのは朝日だ。「人手を確保したい産業界の支持を得たい。一方で、外国人の増加を警戒する政権の支持層もつなぎとめたい。その帰結が、政府が描く『単身で来日し、働き、やがていなくなってくれる労働者』像といえる」と難じている。

毎日も同様の見解を示し、「『安倍1強』のもと、首相の意向を与党が優先し、国会を軽んじる傾向は年々強まっているが、ここまで露骨に審議を空洞化させて恥じないのは、明らかに立法府の危機だ」と憂えた。

移民政策の失敗で日本は消滅する

日本が移民国家への道を進むことに警鐘を鳴らすのは、評論家の西尾幹二氏だ。その鳴らし方は乱打に近く、ほとんど火の見やぐらで鳴らす半鐘の叩き方に近い。それほど危機感を抱いているのであり、その点は筆者も同じ認識を共有している。そして、こうした問題に関心のない人にも、わが国に危険が迫っていることをぜひ知っておいてもらいたいと思う。

西尾氏は言う。改正入管法は「移民国家宣言」であると。西尾氏は元号が平成になる2年前の１９８７（昭和62）年、すでに現在の勤労人口減少を的確に予測し、「労働鎖国のすすめ」で、外国人の単純労働力の導入に対して慎重論を唱えている。

西尾氏は、今回の改正入管法についても、「人口減少という国民的不安を口実にして、世界各国の移民導入のおぞましい失敗例を見て見ぬふりをし、２０１８年12月８日未明にあっという間に国会で可決成立された出入国管理法の改正（事実上の移民国家宣言）を私は横目に見て、あまりに急だったな、とため息をもらした。言論人としては手の打ちようがない素早さだった」（産経新聞18年12月13日付 電子版）と、無力感を率直に漏らした。

そして、根源的な問題として「新たな民族対立に耐えられるか」と日本人に問い質《ただ》している。

発展途上国の雇用を助けるのは先進国の責務だというような、甘く、のんきで感傷的なことを一流の知識人が口にし、日本政府も１９９３（平成５）年に技能実習生制度を導入した。だが、この流れに敢然と反対し、ある県庁の役人が、地方議会で西尾氏の本を手にしてこう、熱弁を振るったそうだ。

「西尾先生の本をこうして持ってね、表紙を見せながら、牛馬ではなく人間を入れるんですよ。入ったが最後、その人の一生の面倒を日本国家が見るんですよ。外国人を雇った企業が利益を得ても、健康保険、年金、住宅費、子供の教育費、ときに増加する犯罪への対応は、みんな自治体に降りかかってくる。だから私は絶対に反対なのだ」

今でこそ、ようやく外国人労働者の内在する問題が表面化し、これに対する理解が少しずつ広がってきているが、当時は不当な誹謗や中傷にさらされていたという。その西尾氏が言うには、外国人は自分の欲望に忠実で、先進国に入ってくるや否や徹底的にそれを利用し、そこで出世し成功を収めようとする。何代かけてもである。そうなれば当然、日本人社会とぶつかるが、そのために徒党を組むので、外国人同士、例えば中国人とベトナム人との間の争いが、日本社会に別の新たな民族問題を引き起こす。その争いに日本の警察は恐らく無力だというのだ。

このとき、日本国民は被害者でありながら、国際的には一貫して加害者に位置づけられ、自由に自己弁明できない。一般に、移民問題はタブーに覆われ、ものが言えなくなるのが一番厄介《やっかい》な点で、すでにして日本のマスメディアの独特な「沈黙」は始まっているという指摘は耳が痛い。さきに、在留外国人問題の核心は中国人問題であると述べたが、まさに問題はそこにあるのだ。

必要に応じて国籍ごとに蛇口を閉めるのは、入管行政の鉄則である。それを差別と言うのなら、世界中すべての国の人をノービザにすればよい。それが現実にはなぜできていないのか、差別だと言う人たちには、その理由をぜひ教えてもらいたい。

さて、外国人労働者だが、かつては「先進国の責務」というようなヒューマニズム論が前面に出ていたが、人口減少の不安を前面に打ち出しつつ、全ての異質な宗教を包容できる日本の伝統文化の強さ、懐の広さを強調するようになったのが、最近の特徴だ。だが、西尾氏はこれにも異を唱えて、こう指摘する。

「日本は和を尊ぶ国柄で、宗教的寛容を古代から受け継いでいるから多民族との共生社会を形成することは容易である――というようなことを言い出した。こんな大ざっぱな文化楽天論が背景にある。確かに日本文化は寛容だが、何でも受け入れるふりをして、結果的に入れないものはまったく入れないという外光遮断型でもある。対決型の異文明に出合うと凹型に反応し、一見受け入れたかにみえるが、相手を括弧にくくって、国内に囲い込んで置き去りにしていくだけである。キリスト教、イスラム教、ユダヤ教、それに韓国儒教などの原理主義は日本に絶対に入らない。中国の儒教も実は入っていない」

さらに、こう釘を刺す。

「多民族共生社会や多文化社会は、世界でも実現したためしのない空論で、元からあった各国の民族文化を壊し、新たな階層分化を引き起こす。日本は少数外国人の固有文化を尊重せよ、と早くも言われ出しているが、彼らが日本文化を拒否していることにはどう手を打ったらよいというのか。イスラム教徒のモスクは既に数多く建てられ、中国人街区が出現し、朝鮮学校では天皇陛下侮辱の教育が行われている。われわれはそれに今耐えている。寛容は限界に達している。34万人の受け入れ案はあっという間に340万人になるのが欧州各国の先例である」

四季めぐる美しい日本列島に「住民」がいなくなることはない。むしろ人口は増加の一途をたどるだろう。けれども日本人が減っていく。日本語と日本文化が消えていく。世界には繁栄した民族が政策の問違いで消滅した例は無数にある。それが歴史の興亡だ。

「トッドの移民論と日本の移民問題」で移民受け入れ1000万人計画を批判している評論家で作家の細川一彦氏は、西尾氏を評して、「ドイツを中心に、ヨーロッパの移民問題を日本に伝え、日本における移民の拡大を警告してきた」と評価する。西尾氏は2010年、月刊誌WiLL（2010年4月号）で、当時のドイツ事情をこう伝えている。

「トルコ人問題で苦しんだドイツは、トルコへの帰国者を募り、相当額のお金をつけて故国へ返す政策を計画し、大規模に実行したことがある。しかし、間もなく無駄と分かった。帰国させたほぼ同じ人数だけ、たちどころにドイツに新たに入国してくる。同じトルコ人が戻ってくるのではない。ドイツ社会に、トルコ人就労者を必要とする一定数の強い需要が生じてしまったのである。ひとたび外国人労働者を受け入れると、先進国の社会は送られてくる労働力のパワーに慣れ、それを頼りにし、次第にそれがなければ成り立たない社会に変わってしまう。先進国の側が外国人をつねに必要とする社会体質になり、その力を勘定に入れなければ国や都市や各種の組織が機能しなくなってしまうのだ」

そして、人間を麻薬に例えるのは不穏当かもしれないが、外国人労働力を薬物に例えてこう指摘している。

「ドイツは、トルコ人労働者という麻薬に手を出して抜け出せなくなった。じつはフランスも、オランダも、英国も、各国それぞれ様相は違うが、麻薬に手を出したという点では同じだといっていい。ドイツでは国家中枢部分である教会と国防軍の二つとも、外国人への依存によって左右されるようになっている。教会は移民受け入れを推進することで増収を図ることに賛成し、国防軍は外国人なくして成り立たなくなってしまった」

さきに、外国人問題で一番厄介なのは、タブーに覆われ、モノが言えなくなることだと指摘したが、現在のドイツがまさにそういうスパイラルに陥ってしまったのである。ドイツは移民があまりにも国内に深く入り込んできているため、今さら「移民反対」と言えなくなり、道を引き返すすべは、もはやなくなった。

「メディアも政府も沈黙する。知識人も言論人もモノが言えなくなる。これが外国人流入問題の最も深刻な最終シーンである。外国人を労働力として迎えるという麻薬に手を出した国の道の先にあるのは、民族の死である」と西尾氏は述べている。

移民政策における6つの過ち

エマニュエル・トッド氏。人口動態や家族構造など社会の深層の動きに着目し、ソ連崩壊やサブプライムローンの破綻に伴うリーマンショック、アラブの春、ユーロ危機、トランプ当選、英国のEU離脱など、数々の予言を的中させてきたフランスの歴史人口学者である（週刊文春

２０１９年６月号）。

わが意を得たり――というわけで、トッド氏が週刊文春に寄稿した内容を見てみたい。

トッド氏は「必要なのは『多文化主義』ではなく、『同化主義』であるとし、日本人になりたい外国人は受け入れよ」と説く。国籍で入管の蛇口を絞るべきだというのが筆者の持論であるが、それが誤解され、絶えず「排外論者」というレッテルを貼られる危険と隣り合わせなのだが、要はトッド氏の言う通りである。裏を返せば、自国文化を押しつけ、日本人なんかになりたくないという中国人がいたとしたら、日本はそんな人物を受け入れるようなお人《ひと》好《よ》しであってはならない、と言っているのである。

そうした中国人ではなく、互いの文化や生活習慣を尊重し、仮に日中関係が悪化し、日本に対する破壊工作を指示する中国の国防動員法が発動されても、それに従わないというような中国人なら、大歓迎なのである。

つまり、移民を頭から否定するものではないが、無制限に受け入れるのは無責任であり反対だと言っているのである。

トッド氏は「人口減少は日本にとって、最大にして唯一の課題だ」という。30年前に来日したときすでに、日本では人口問題が議論されていて、日本の先見性に感心したという。だが、30年後に再来日してみて、少子化対策も移民対策も、ほとんど何の手も打って来なかったことを知ったという。

日本は今、事実上の移民解禁に舵《かじ》を切っているということは何度も述べたが、そこに至るまで日本が移民の受け入れに慎重だった理由について、トッド氏によれば、「日本人が異質な人間を憎んでいるのではなく、仲間同士で互いに配慮しながら摩擦を起こさずに暮らすのが快適で、そうした完璧な状況を壊したくないだけなのだろう」ということになる。

ただ、この完璧さが、移民国家としては邪魔になるという。出生率を上げること、移民を受け入れること、移民の子どもを受け入れることは、ある種の無秩序を受け入れることにほかならないからだ。

トッド氏は、移民政策で犯しがちな過ちとして、次の6つの過ちを挙げる。

第1は、移民の受け入れ拡大によって、少子化対策の方をおろそかにすることだ。移民受け入れと少子化対策は二者択一ではなく双方同時に進めねばならないのに、日本政府は真剣に取り組んでいないと指摘する。確かに移民は増えるけど、逆に日本人住民が減ったのでは、健全な社会統合など夢のまた夢で、むしろそんな状況は、移民による乗っ取りの成功を意味するとも言えるのである。

第2の過ちは、外国人労働者はいずれ国に帰ると思い込むことだという。至言だ。移民は状況が許せば、必ず定着しようとする。夫なら妻を呼び、妻ならば夫を呼ぶ。子どもを呼び、新たな子どもを日本で産む。経済的な余裕があれば、母国の両親も呼ぶだろう。この部分も頷ける。埼玉県川口市の芝園団地を何度か訪れたことがあるが、日中、団地内の公園で孫を遊ばせていたのは、高齢の中国人老夫婦だった。

第3は、移民を単なる経済的現象と考えることだという。移民現象は、市場原理主義の経済学では、「労働力の流動性」としてしか扱われないからだ。その上で、ドイツが現在行っているシリア難民や中東移民の大量受け入れは危険な行為だと指摘する。文化的な差異が大きすぎるというのだ。例えば、シリア人の内婚（いとこ同士の結婚）率は35％で、内婚率の高い社会は集団として閉じた社会を形成する傾向があるからだ。

ドイツは、すでに存在するトルコ系移民の統合すらうまくいっていないのに、シリア難民を大量に受け入れようとしている、それが危険だという指摘だ。つまりドイツは、手っ取り早く労働力を移民で補う政策により、自ら危険を引き寄せているのだ。2019年4月に改正入管法を施行させたどこかの国と、とてもよく似ているではないか。

第4の過ちは、移民受け入れにあたって多文化主義を採用していることだ。

移民受け入れに必要なのは、多文化主義ではなく、同化主義なのだというトッド氏の意見には、まったく同感である。多文化主義とは、聞こえは良いが、その実、隔離政策なのである。これは、さきほどの西尾氏の指摘とその内包する意味において、まったく同じことを言っている。とても大切なことなので、西尾氏の言説を再掲する。

「日本文化は寛容だが、何でも受け入れるふりをして、結果的に入れないものはまったく入れないという外光遮断型でもある。対決型の異文明に出合うと凹型に反応し、一見受け入れたかにみえるが、相手を括弧にくくって、国内に囲い込んで置き去りにしていくだけである」

トッド氏は、移民にとって究極的な運命は、隔離ではなく同化なのだという。英国やドイツは移民に、隔離か同化、どちらを選ぶか主体的に選ばせたが、結局うまくいかなかった。これに対し、フランスがとった移民政策は同化主義であった。そういえば、サッカーの元フランス代表、ジダン選手も、アルジェリア出身のベルベル人の子である。その彼は、「北アフリカの星」として、フランスにおける移民統合の象徴的な存在となった。

大部分のフランス人は、外部から来た人はフランス人になるべきだと考える。一夫多妻のマリ人なら、一夫多妻をやめるべきだと考えるように。これは、米国も同じである。首都ワシントンDCとテネシー州の州都ナッシュビルに計7年ほど暮らしていた筆者の経験からも、肌感覚で実感するところである。日本人の中には、「まさかあの移民国家が?」と思う方がいるかもしれないが、移民国家とは、海外からの移民は受け入れるが入国後の勝手気ままは許さない、ということと同義なのである。

米国では、日本の小学校に当たる過程で何を教えるか。もちろん、算数なら分数なんかも教えるのは当たり前だが、日本と決定的に違うのは、「アメリカ人を育てる」教育を徹底するのである。国歌、国旗への忠誠心など当たり前。短いながらも建国以来のアメリカの建国の理念や歴史、歴代大統領や偉人、修正憲法のキモを、徹底して刷り込むのである。市民権（グリーンカード）を得るための口頭試問や永住権を得るための面接試験でも、同様のことが試される。

それに比べ、移民政策をとっているのにとっていないと強弁する今の日本政府は、非常にガードが甘く、千葉や埼玉のチャイナ団地のように、そのうち移民に好き放題される懸念すら出てきているのだ。

ただ、トッド氏は、同化を急いではいけないと言う。教条的で高圧的、不寛容になれば、移民やその子どもの気持ちを傷つけ、国家の分断を招いてしまうからだと。

第5の過ちは、非熟練労働者の移民のみを増やすことだという。人手不足が深刻な分野でばかり外国人労働者を増やすと、熟練度も収入も低い移民ばかりとなり、社会階層の下部に新たな階層ができてしまうからである。そこにエスニックな要素が加われば、社会階層の分断は、より強化されるのだ。

職業レベルや教育レベルの高い、日本政府の使いたがる言葉で言えば、「高度人材」を適度に入れていくことが、階層バランスを取る上で欠かせない施策になる。

第6の過ちは、移民の出身国を、ある特定の国に集中させてしまうことだという。出身国は多元化すべきだというのだ。移民の流入を成り行きに任せると、流入の道筋が勝手に出来上がり、特定の国の出身者の数が突出する結果となるからである。

前述したが、大事なことだから、これも再掲しよう。中国人の数だ。

「法務省によると、2018年末現在、在留外国人は約273万1093人で、最も多いのが、中国人の76万4720人となっている。中国人は在留外国人全体の28・0％と3割近くを占める」

トッド氏は、「率直に言えば、日本は中国出身者ばかりが増えすぎることを注意して避けるべきだ。北京政府は、外国に渡った中国人同胞との絆を維持する政策を明らかにとっている。つまり、求めに応じた中国系移民が北京政府による他国介入のエージェント役を果たす可能性があるのだ」と指摘する。

筆者が前著『静かなる日本侵略』や、本書で繰り返し指摘してきたことだ。

トッド氏は続けて、「私が移民担当大臣ならば、中国出身の移民は最小限に留めようとするだろう。現在の中国があまりにも帝国主義的な政策を採っているからだ。もちろん、日本にいる中国系移民のほとんどは日本社会に好感を持っていて反抗心など抱いていないだろうが、中にはそうでない人も出てくる可能性がある。地理的に遠いフランスと違って隣国の日本は、用心するに越したことはない」と警鐘を鳴らしている。

トッド氏は家父長的、垂直的な「権威」を尊ぶ家族構成をとってきた日本の短所の一つとして、完璧さを目指して柔軟性を失うことがあると指摘する。一方で、日本は古代から舶来ものを吸収し、環境の変化に不断に適応してきた社会であり、この適応力こそが日本文化の神髄であるという。

確かに地震や津波、火山の噴火といった天変地異はもとより、外敵に対してもこれによく対処し、文化文物を是々非々で取り入れ、わが物としてきた文化は、世界に類を見ない。サミュエル・ハンチントン博士が自著『文明の衝突』で、日本は独自の文明圏であると主張したその説が、移民問題に直面する日本の現状に対しても、かなりの説得力を持って訴えかけてくるのである。

　野放図な移民政策をとってはいけない。蛇口を緩めたり閉めたりする戦略的な発想が、今われわれに問われているのである。

第三章　洗脳教育の拠点「孔子学院」の深い闇

周回遅れの山梨学院

米国内で起きていることと正反対の動きを見せている。２０１９（令和元）年5月12日に孔子学院を開校させた山梨学院大学のことだ。米国では、文化スパイ機関の疑いや思想的洗脳工作への懸念、安全保障上の理由から、大学付設の孔子学院の閉鎖が相次いでいる。だが、山梨学院大はそんな動きもどこ吹く風とばかり、日本で15番目の孔子学院を開校させたのだ。初めてこのニュースに接したとき、どれだけ世界の潮流が読めていないのかと、わが耳を疑った。

山梨学院大学といえば、アフリカ系の選手を起用して活躍し、一躍全国区となった箱根駅伝のほか、総合格闘家の山本ＫＩＤ徳郁《のりふみ》さんなどが思い浮かぶ。どんな大学なのかを大学のホームページなどから見てみよう。学生は全国から集まっており、押しも押されもせぬ有名私大といって良いだろう。

学校法人山梨学院（古屋光司理事長兼山梨学院大学学長）は、1946（昭和21）年、古屋眞一により私立学校山梨学院として創設された。大学が開校したのは1962（昭和37）年だから比較的歴史は浅い。山梨県甲府市にあり、幼稚園から大学、大学院までを有する総合学園である。

建学の精神は、「日本精神を主義とし、祖国の指導者要請を旗幟とし、徳を樹《た》つることを理想とする」だという。

教育理念は、「日本文化への深い理解と広い国際的視野をもって社会に貢献する人間の育成を目指し、豊かな教養と創造力を備えた人格の形成を図る」としている。

山梨学院大は現在、法学部、経営学部、健康栄養学部、国際リベラルアーツ学部、スポーツ科学部の5学部6学科と大学院社会科学研究科の1研究科からなる総合大学だ。

孔子学院の開校式のあいさつで、学長の古屋氏は、「今や日本の貿易相手国はアメリカを抜いて中国が1位、観光立県山梨も中国からの観光客が目に見えて増えている。今後ますます中国語・中国文化に精通した人材の育成が必要になる。日中相互の発展に寄与していく」と抱負を語った。

だが、ちょっと待った。1960年代から70年代にかけて中国全土に吹き荒れた文化大革命で、「批林批孔」を唱えて林彪や孔子に弾圧を加えていたのは、どこの国のどこの党か。

毛沢東の盟友で当初は文革の先頭に立っていた林彪はその後失脚し、「ブルジョア階級の野心家、陰謀家、反革命二面派、裏切者」として共産党から永久に追放された。

かたや孔子は、変革と進歩に反対し、復古と退歩に固執した「頑迷な奴隷制擁護の思想家」「反革命のイデオローグ」というレッテルが貼られて思想弾圧の対象となっていたのだから、ほとんどブラックジョークだ。つまり実態は、孔子学院ではなく「毛沢東学院」と言うべきか。否、むしろ「習近平学院」といったほうが的を射ているのではないか。そんな経緯など日本側関係者は知ってか知らずか、開校式で嬉々として記念撮影に応じている。

提携している西安交通大学の席光《シー・グアン》副学長は開校式で、「山梨学院大孔子学院が協力・交流プラットフォームとしての役割を積極的に果たしていくことで、両校の協力をさらに拡大し、日中文化交流を促進するよう願っている」と述べた。

式典には、駐日中国大使館教育処の胡志平《フー・ジーピン》公使参事官も出席した。胡氏は、「中国大使館を代表してお祝い申し上げる。孔子学院は中国語・中国文化の教育交流文化機構として、2004年からスタートし、世界154カ国と地域において500以上の孔子学院と1100以上の講師学堂が設立されている。日本に設立された15番目の孔子学院となる。日中関係が正常な軌道に戻りつつある状況下で、同学院が設立されたことは、まさに天の時、地の利、人の和のタイミングといえよう。同学院が特色豊かな世界一流の孔子学院となることを願ってやまない」と期待感を示した。

孔子学院のホームページによると、2018年7月10日の時点では、孔子学院は世界で70校減って109カ国430校だったが、いつの間にか、40カ国以上増えて、539校に増殖している。米国やカナダ、オーストラリアで叩かれ、一部で減らしながらの増加だから、ある意味、大したものである。例えば西アフリカのブルキナ・ファソの大学には、19年1月に孔子学院を開校させている。

日本の外務省も、クールジャパンなどといって、在外公館近くにジャパンハウスを建てて満足している場合ではなかろう。クールジャパンとは、アニメーションに代表される日本のソフト文化を海外に発信する日本のブランド戦略で、それはそれで大切なことであるが、どこまで海外発信できているかは疑わしい。同じ官製なら孔子学院を見習って、もっと派手にやってもらいたいものである。

さて孔子学院であるが、もともと大学同士の民間交流のはずが、今や大使館が前面に出てきてしまっている。もっとも、中国側には純粋な意味での民間はなく、大学はどこも基本的には中国共産党教育部の傘下にある。そこからして怪しい。実際のところ孔子学院は、中国中央電子台（CCTV）と並ぶ共産党のプロパガンダ機関なのである。中国が世界展開を進める上で、ソフト戦略としての車の両輪だ。米国やカナダ、オーストラリアではスパイ工作機関の疑いが持たれ、閉鎖が相次いでいる。

では、その車の片方である中国官製メディアは、米国内でどういう位置づけか見てみたい。

米司法省は2018年、新華社通信を中国政府の宣伝活動を行う機関だと認定し、外国代理人登録法（FARA）に基づき、登録するよう命じている。中国中央電子台（CCTV）傘下で中国版CNNを目指す英語放送局CGTNも登録対象だ。CGTNは、国際的に「共産党の理念、原則を宣伝」し、「中国のイメージアップを図る」ことを任務としている。

新華社通信は、中国共産党政権が直接管理する国営メディア。CCTVは、中国共産党宣伝部が統括している。外国代理人に登録された企業は、外国勢力のためにロビー活動や秘密情報活動をする組織と見なされ、ホワイトハウスでの取材制限や、記者証明のはく奪もありうるという。米司法省はこれまで20の中国メディアを外国代理人として登録している。中国日報（チャイナ・デイリー）、人民日報、新民晩報など、いずれも中国官製メディアだ。2018年3月、共産党中央委員会の会議で、習近平国家主席は、「世論を主導するメディアの主導権の強化と党プロパガンダの確かな実施」を強調した。

米国の超党派議員は、中国共産党の思想宣伝とスパイ活動を行っているとして、米国に200以上設置されている「孔子学院」に対しても、外国人代理人に登録するよう求めている。政治腐敗を暴露したことで一時拘束された広州「現代快報」の元記者・劉虎氏は「中国官製メディアは党と政府のプロパガンダを宣伝するためにある。それが本来の姿だ」「報道に客観性はなく、党か政府の主観的見解しか伝えない」と外国メディアに語っている。

なぜ、日本の私立大学の運営に中国共産党政権が首を突っ込むのかを、日本側関係者、なかんずく、学校運営に責任のある文部科学省の担当者は真剣に考えた方が良い。

前出の中国公使・胡氏の言う「正常な軌道に戻りつつある状況」というのは、安倍晋三首相の「日中関係は完全に正常な軌道に戻った」という発言を意識したものだろう。2019年夏のG20を成功裏に終わらせ、東京オリンピック・パラリンピックが開かれる2020年の春に習近平国家主席を国賓として招きたいという首相の気持ちは分からぬではない。だが、日中関係を少しでも知る者は、完全に正常な軌道に戻ったとは、だれも思っていないだろう。

沖縄県石垣市の尖閣諸島周辺海域に出没する中国公船は、日本の海上保安庁巡視船と違って、中国人民解放軍の海軍傘下にある。その公船が時には領海を侵犯し、わが国への挑発行動をやめようとしない。それは2019年になって連続60日を超えたこともあり、今でも挑発を続けている。これが「正常」というのなら、日本は随分、なめられたものである。

さて、山梨学院大の孔子学院だが、院長の熊達雲《ゆうたつうん》氏によると、2018年12月に中国・成都市で開催された第13回孔子学院世界大会に古屋理事長が出席し、西安交通大学と新設合意書の調印式を行った。そして、19年4月13日、西安交通大学で山梨学院大学孔子学院第1回理事会を開催して、5月の開校を決めたという。

肝心なのは、山梨学院大孔子学院の運営方法と資金源である。世界各地に根を張った孔子学院の落日については、拙著『静かなる日本侵略』でも触れているから、過去の経緯はそちらに譲りたい。だが、運営方法と資金源、予算については、残念ながら詳細は分からぬままだ。それらが表に出れば、孔子学院が日中共同運営どころか資金供給も運営方法も教育内容も、あらゆる面で中国共産党の指揮下に入っている実態が満天下にさらされてしまうとでも言うのだろうか。公権力でも使わなければ分からぬ不透明ぶりだ。

この点を含めて、筆者は2018年夏に、簡易書留で全国14大学の孔子学院すべてに質問状を郵送したが、まともに回答を寄越した大学はゼロである。立命館大孔子学院（京都市）だけが、取材に応じられないという返事を返してきただけである。孔子学院を抱える大学同士が連絡を取り合い、筆者の取材にどう対応すれば良いのか、北京の指令を待っていたのだろう。その結果が、この無回答だった。

中国の官製大学に学問の自由などないことを百も承知で孔子学院を招聘する感覚には、首をかしげざるを得ない。不透明でいかがわしい組織が、白昼堂々と日本の大学を隠れ蓑に巣くっているのである。政治も行政も、これを放置したままというのは実に嘆かわしい。

GDPであれ、国防費であれ、脚色とウソが当たり前になっている中国共産党政権のことだから今さら驚かないが、いつもこうした不透明さが漂っているのが彼の国なのである。

大学ホームページによると、熊氏はマスメディアの取材に対し、「共同で運営を行う。席副学長には孔子学院の副理事長に、宋玉霞国際養育学院常務副委員長には、副学院長に就任してもらった。中国語の講師派遣や教材などの支援を受けることになっている」と答えたという。副学院長も副学院長ポストにも中国人が座っているこの組織は、いったい何なのか。

仮に、山梨学院大孔子学院に問題が起きたとき、閉鎖も含めた対応は、いったいだれが決めるというのか。北京の指示待ちで右往左往するのが目に見えている。

ある大学関係者は証言する。

「熊院長は中国に帰国するたびに、驚くほど上位の共産党幹部と面会している。かなり力を持っていることは間違いない」

自民党代議士を直撃

山梨学院大孔子学院の開校式に来賓として出席し、テープカットを行った衆院議員の宮川典子氏（南関東）に話を聞いた。宮川氏は当時、自民党麻生派に所属。時流に逆らうように15番目の孔子学院を設置した山梨学院大の動きにも驚いたが、宮川氏が出席したことにも驚きを禁じ得なかった。なぜなら、宮川氏は同じ自民党衆院議員の杉田水脈《みお》氏と、インターネットテレビで保守的な立場に立った情報を発信するほどの仲だったからだ。

杉田氏は２０１８年2月26日の衆院予算委員会第4分科会で、日本における孔子学院の現状を質している。使途の怪しい科学研究費（科研費）助成事業に関するものだ。米国では孔子学院が米連邦捜査局（ＦＢＩ）の捜査対象であることも指摘した。

このとき、宮川氏は文部科学政務官の職にあった。宮川氏は山梨県山梨市出身で、山梨学院

自民党の宮川典子衆院議員
＝2019.5.29、衆院議員会館

大学付属高校卒。慶応大卒業後、母校の付属高校に英語教師として着任。５年間の勤務の後、松下政経塾に入塾した。

２０１７年の衆院選では、比例南関東ブロックの自民党単独候補1位で3選を果たしている。政治家としての実力が買われたのか、よほど党本部の聞こえがめでたかったのだろう。今年９月の、40歳という、あまりに若くしてのご逝去は残念でならない。改めて、哀悼の誠を捧げたい。

インタビューは２０１９年５月29日、東京・永田町の衆院議員会館で行われた。

――山梨学院大孔子学院の開校式に出ていたので驚いた。なぜ出席したのか、理由を聞かせほしい

「私がなぜ、山梨学院大孔子学院の開校式に出席したのかを理解できない人がいる。ネットの書き込みなんかを見ていると（出席への批判が少なくなく）思いがけない方に取られているんだなと思った。米国で問題になっていることはよく知っている。出席した理由を簡単に言えば、一つは母校だからだ。自分の人生から山梨学院大を取り去ってしまうことは難しい。そのくらい縁が深い。

次に、バンカラな学校の教育理念にも賛同している。たくさんの国から、いろいろな先生が来ている中に、信頼できる中国からの先生もいる。信頼している中国人の先生が孔子学院長であるのも、開校式に出席した理由だ。

もう一つは、自分が孔子学院の内情を知ることが出来る身近な学校だということ。そこに私が行くことで、『日本政府に多少なりとも足や指がひっかかっている私がここに来るというのは、どういうことか分かっているよね？』という思いが個人的にはあった」

《筆者注：孔子学院は中国共産党の宣伝機関と言われて、米国では閉鎖が相次いでいる。トランプ政権による２０１８年、19会計年度（２０１８年10月～19年９月）の国防予算の大枠を定める国防権限法では、外国語教育プログラムの予算が孔子学院に流れるのを国防総省が阻止する条項が初めて盛り込まれた。これは事実上、孔子学院の閉鎖を迫る内容で、米国では19年になって新たにオレゴン大、サンフランシスコ州立大、ウエスタン・ケンタッキー大の３大学で、孔子学院が閉鎖された。

オレゴン大学発行の情報サイト「Around the O」で、国際関係学部のデニス・ガルバン副学部長は「閉鎖は残念なことだが、米国防総省の中国語プログラムの予算を守るためには必要なことだ」と語っている。要するに、孔子学院を設置するなら、もう国家予算は回さないという規定が盛り込まれた国防権限法が成立したので、二者択一で孔子学院を閉鎖するしかなかっ

た――と言っているわけである》

――米国では国防権限法が成立し、閉鎖が相次いでいる。山梨学院大に孔子学院を設置すること、来賓として開校式に出席することに、ためらいはなかったのか

「ないですね。はっきり言って。しっかりしたメソッド（方法、ノウハウ）のない大学にはできないことだ。中国は世界の大国だから留学生を入れれば良いという、メソッドのない大学であれば、それはやらない方が良い。私だって、中国から来る留学生が必ずしもお行儀が良いとは思っていない。山梨学院大は、そんな中国人留学生に何度も悩まされてきた学校だから、それを知っている人間としては、危険とは思う。

だが、ここでは言えないが、ある程度の制限をつけたりして孔子学院を開校する。留学生は留学生課に任せて放ったらかしという大学が多いが、山梨学院大は違う。親日家で日中関係の正しい認識を持っている方が多いから、あの人たちの下で反日をやっても仕方ないよね、という感じだ」

――運営費はどこから出ているのか

「たぶん、西安交通大学と山梨学院大が分担しているのではないか」

《筆者注：日本側の提携大学は、中国教育省傘下の国家漢語国際推進指導小組弁公室（漢弁＝

ハンバン）との調印が必要で、日中の提携大学同士が共同運営の形をとる。カリキュラムや教材は孔子学院が提供し、資金は中国政府と日本の学校法人が折半するというのが原則だ。

問題なのは、カリキュラムや教材を孔子学院が提供する、という点だ。米国ではこれが大きな問題になっている。学問の自由が保証されないためだ。講師も米大学では選べない。漢弁が一方的に派遣し、給与も漢弁が支給する。つまり、接受国である米大学に、人事権も教育内容を決める権限もないのである。国によって、大学によってケース・バイ・ケースなのだろうが、提携の基本型は、大筋で大差ないと思われる》

――山梨学院大の孔子学院には人事権があるのか。学問の自由が保証されていないのではないか。運営費以外の資金も中国側から出ているのではないか。六四天安門事件、チベット、台湾などについて、授業で公平公正に議論できないとして、北米では閉鎖が相次いでいる

「ちょっと……、学内のことは、そこまで分からない。中国人の先生方は信用できる方々なので、疑う余地はないのかなと思う。もっとも、一番信頼できる先生でも、来日当初は歴史認識で、耳を疑うようなことを言っている人もいた。例えば、尖閣諸島は日本と中国が分けあっているとか、中国こそが正道で日本は邪道に生きているとか。

ただ、理性のある先生方がたくさんいる。これから、安全保障にしても、経済にしても、中国を切り離して生きていけるほど、足腰の強い国があるかというと、それはない。大事なのは、

自分たちの価値観を中国側に伝えていくために、あちら側に飛び込んでいける勇気を持った人がいないといけないということだ。山梨学院大のように孔子学院を誘致しても大丈夫な大学と、呑み込まれてしまう大学は、そこが違うのだと思う」

《筆者注：宮川氏は、人事権や運営費の詳細を知る立場にはないらしい。母校愛も、中国人教師への信頼感を持つことも素晴らしい。だが、数字などの客観的な資料が手元にないから山梨学院大学の孔子学院に関して無責任なことは言えないが、中国共産党政権はそんな甘くはないということは銘記したい。

いかに宮川代議士が政治家として優秀で、山梨学院OGとして一家言持っていても、国家百年の計で動いている中国共産党政権をあまりに甘く見てないか、母校をかいかぶっていないかという疑問符がつく。ウイグルやチベットの善良な市民が、就労センターという名の政治収容所に送られ、中にはリンチの上、殺害された人も数多いとの報告がある。香港では民主化を求める市民を弾圧し、習近平国家主席のスキャンダルを暴いた本を店頭に並べた本屋の店主が行方不明となっている。

チベット、台湾、天安門事件という「3つのT」を隠し、自分たちの独善的な価値観を広める手段として、2020年までに世界中で孔子学院を1000校設立させることを目標に、組織的に動いている共産党独裁政権にしてみれば、モノ言わぬ日本の政界や教育界など、赤子の手をひねるも同然だろう。

英紙フィナンシャル・タイムズも、孔子学院を「3つのT」から目をそらすものだと指摘している。その上で、これら中国共産党政権に染みついたダーティなイメージを払拭するため、目くらましで始まったのが、孔子学院を世界に拡散するキャンペーンだと指摘しているのだ。

実際、大隈庭園に等身大の孔子像をドーンと設置している早稲田大学は、筆者の取材要請に回答すらよこさない。何かやましいことでもあるのかと勘ぐりたくなる。

旧安田球場に面した場所にある早大孔子学院を訪ねたが、ビル外の案内板に孔子学院の文字はない。批判を恐れて、こそこそしている雰囲気だ。私学の雄がこんなていたらくでは、大隈重信公もさぞ、草葉の陰で泣いていることだろう》

早稲田大学・大隈庭園の孔子像
＝2019.5.6、新宿区西早稲田

――自民党衆院議員の杉田水脈氏が国会質問しているが、文科省の役人が孔子学院のホームページから引っ張った資料を読みながら答弁している。宮川氏はこのとき文科省政務官だった。米国であれだけ孔子学院が問題だと騒がれているし、宮川さんはそれを知っているとおっしゃっていた。野放図に開校を許すとは、国として脇が甘いのではないか

「不遜ながら申し上げる。中国側に牛耳られて学問の独立も守れないような学校は、孔子学院を誘致するなと言いたい。孔子学院が海外でどんな問題を起こしているのか、どんなリスクヘッジをしておかねばならないかということを検討もせず、何となく学生が欲しい、提携すれば国際化が進むから孔子学院をやる——みたいな単純な考え方なら、孔子学院を呼ぶべきではない。そんなことを見極められる大学がどのくらいあるかというと、私は全然信用していない。中国人留学生を見ても、半分が不法労働者になってしまった」

宮川氏の回答は続く。

「やはり、検閲ではないが、孔子学院といった組織や中国人留学生を自分の学校に入れるには、理念のしっかりした教授陣でなければいけない。その点、山梨学院孔子学院は、長年にわたって構築してきた教授陣なので、他の大学と一緒にしてほしくない。私が政務官時代、確かに孔子学院は危険だという話はあったが、そうではなくて、（孔子学院による思想侵略とか批判されていることへの）ガードができない大学は危険だ。それは中国だけではなく、どこの国が来ても危険だ。杉田氏の国会質問があったとき、文科省内で孔子学院は危険だという議論はあった。だが、学問の世界は、入り口は自由であるべきだと思う」

《筆者注：宮川氏は、孔子学院の誘致をめぐり、かなり自分の意見を整理されている印象だった。だが、中国側の意図をどこまで正確に分析できていたかは分からない。文科省内で、「孔子学院が危険である」との見方が出ていた事実が表になったのは、このインタビューが初めてではないだろうか》

「中国のＡＩだって、かなり進んでいる。世界の４分の１の人口を持つ国を、ただ嫌っているだけでは意味がない。嫌い、嫌いといって中国を否定ばかりしているのは、進んだ技術を否定するようなものだ。日本が中国を嫌いだと言っている時代は終わった。今度は中国に日本を好きだと言わせる世の中にしなければいけない。孔子学院に行ったから親中派だ、なんて言われると、心中穏やかではない。フェイスブックなどＳＮＳで、ワーッて書き込みたいくらいだ」

《筆者注：中国国務院によると、孔子学院の狙いは「核心価値である社会主義を基礎とした教育を広める」「中国の夢を宣伝する」ことだ。しかし、日本にある各孔子学院の日本語ページには、こうした説明はない。

金の出どころや教育内容が門外不出で不透明極まりないのは、山梨学院大の孔子学院も他の大学と変わらず、不満は残る。ただ、孔子学院の立場ある関係者で、ここまで赤裸々に語った人は初めてである。

不遜であると叱られそうだが、四半世紀の間、永田町で政治家を取材し、宮川氏の親分筋である麻生太郎政調会長の番記者だった経験から言わせていただければ、今回の取材に応じていただいた点も含めて、宮川氏は国会議員として、将来に大きな伸びしろを感じさせた。それだけに、氏の急逝が惜しまれる。

ただ、相手は自由や民主主義が通じない共産党独裁国家である。筆者は、北朝鮮に厳しかった自民党タカ派議員が、いつの間にか北朝鮮の代弁者に墜ちていった姿も見てきた。老婆心ながら、孔子学院と距離を置くなど、もう少し脇を締めた方が良いのではないのかと感じたことも、また事実である》

山梨学院大からの回答

インタビューのあと、宮川典子氏の紹介を受ける形で、山梨学院大孔子学院の熊達雲院長に取材を申し込んだ。だが、熊院長ではなく大学名で、書面による回答が寄せられた。

――孔子学院開設に至る経緯と目的は

「山梨学院大学では、全学的国際化を大学のビジョンの一つに掲げ、海外の大学・機関との教育連携を推進しており、特に中国の教育機関とは1993年に重点大学の一つである南開大学との締結を皮切りに、現在24大学と姉妹校提携・学術交流協定・単位互換協定などを締結している。近年では、日本の貿易相手国はアメリカを抜いて中国が1位となっており、山梨県も『観光立県』を掲げ、外国人観光客のうち中国からの観光客がその多くを占めている。

山梨県では知事自らのトップセールスにより、県産品の販路拡大や中国人観光客の誘客にも積極的に取り組んでいる。一方、中国から日本の高等教育機関への留学生は約12万人となっており、日本から中国への留学生は1万人前後おり、今後ますます日本と中国、山梨と中国の関係が深まる中で、中国語（コミュニケーションができる実践的な語学力）や中国文化に精通した人材の育成が必要であると考え、設立するに至った」

――孔子学院の運営方法は

「山梨学院大学とパートナー大学である西安交通大学の代表者により組織された理事会が、孔子学院の運営（年間業務計画・予算執行）及び業務執行（カリキュラム策定等）を行う。施設については、山梨学院大学66号館内の事務室・講義室等を使用し、中国語（中国文化）教育については、西安交通大学からの派遣教員と国内在住の講師により実施する。運営経費については、①山梨学院大学からの支援、②孔子学院本部からの支援、③各種教育プログラムの学費収入、④当該地域の社会的寄付から充てる予定となっている」

――孔子学院の講座内容や各種イベントを具体的に

「2019年度に開講予定なのは、中国語講座（初級会話、中級会話、企業向け出前講座など）、各講座10～15名、文化講座（太極拳、孫子の兵法など）、人数未定。

２０２０年度以降は、上記講座に加え、特別講演会や中国視察プログラム、留学準備講座、中国語スピーチコンテスト、スポーツ交流イベントなどを予定」

《筆者注：最も関心のある、教材の内容、運営費の財源、内訳など、孔子学院の核心部分は公表してもらえなかった。ただ、米国、カナダ、オーストラリアで文化スパイ機関だとか、安全保障上問題があると指摘され、特に米国では連邦捜査局（ＦＢＩ）の捜査対象とされているのが孔子学院である。米国の同盟国である以上、わが国の文部科学省も、全国15の孔子学院の実態について、少なくとも今指摘した核心部分について把握しておくのは当然だろう》

頼りない文科省

宮川氏へのインタビュー後、孔子学院について、文科省へも文書で質問状を出した。多忙の中、国際企画室の担当者がせっかく回答してくれたので、あまり厳しいことは言いたくないが、「木で鼻をくくったような」回答とは、こういうことを言うのだろう。文科省はもっとしっかりせよ——と言いたい。孔子学院は、国際文化交流機関である英国のブリティッシュ・カウンシルなどと違い、米国やカナダ、英国、オーストラリアでは、独裁国・中国共産党の工作機関と見られている監視団体なのだ。
これは右とか左とか、イデオロギーの問題ではなく、国民、とりわけわが国の将来を担う若者の健全な教育に関わる重大な問題なのである。与党も野党も、衆参の文科委員会でいったい何をやっているのか。国政調査権を持っているのだから、国会でしっかり取り上げてほしい。
ともあれ、批判ばかりでは公正さを欠く。学校教育を管轄する文部科学省・高等教育局国際企画室が書面で回答を寄せてくれたので、それを掲載する。

――孔子学院についての見解は

「孔子学院は、イギリス、フランス、ドイツ、スペインなどの取り組みを参考に、中国国外における中国語の教育と中国文化の振興促進を目的として、2004年に設立された非営利公的機関と承知している。孔子学院のホームページによると、2019年6月3日現在、日本に15校の孔子学院があるとされている」

――孔子学院の運営実態についてどこまで把握しているのか

「各孔子学院のウェブページや各種報道から、各孔子学院の概要や運営をめぐる動きについて把握している。なお、孔子学院は法令により設置認可・届出が必要とされる事項には当たらない」

――孔子学院の授業内容や各種イベントについてどこまで把握しているのか

「各孔子学院のウェブページから、中国語や中国文化の講座等を展開していると承知している。

文部科学省はこのような各大学の自主的な活動内容について詳細を確認していない」

《筆者注：時間がかかった割には想定内の回答で、この国の教育機関は大丈夫かな、という不安がより強くなってきた。ポイントは、孔子学院が法令により、設置認可・届出が必要される事項には当たらない――という下りだ。まさにここが、孔子学院を傘下に置く中国教育省漢弁の狙い目なのだ。日中の大学同士の合意があれば、孔子学院は文科省の目が行き届かないところで、秘かに日本の教育機関に浸透を図ることが可能なのである。

官僚が現行法のレールの上しか走れないことは、よく理解している。だが、進むべき道にレールがなければ、法律改正に向け内閣提出法案を作成したり、国会議員に議員立法の提出を働きかけるなど、いくらでも国家に貢献できるやり方はあるはずだ。「所管外だから知りません」では怠慢の極みである。

仮に課長補佐、係長クラスの現場に問題意識があっても、局長以上の省幹部が動かなければ事態は悪化する懸念がある。中国政府に睨まれることを恐れる与野党議員の意向を、よもや忖度《そんたく》しているわけではなかろうが、世界の潮流が孔子学院の締め出しに傾いているときに、運営方法や教育内容がまともに国会で取り上げられることもなく、ひとり日本だけで増殖しているのは、いかがなものか。

2019年夏の参院選では比例票を大幅に減らした公明党だが、底力はある。自民党議員にとって、特に衆院の小選挙区で勝ち上がるには、公明党最大の支持母体で、中国との太いパイプを誇る創価学会票は何としても欲しいところだ。その創価学会に睨まれたくないという議員心理が働いているとしたら、この国の将来に暗澹たる気持ちを抱かされる。

孔子学院がわが国の教育機関に静かに根を張り、「尖閣諸島は歴史的にも国際法的にも中国領」だとか、「六四天安門事件で中国人民の虐殺などなかった」などと吹き込まれることになったら、困るのは日本人の若い人たち、われわれの子や孫の世代なのである。

一方で、孔子学院の問題に関心のある議員は少なくないと思われるが、具体的に動かなければ、何もしていないのと同じである。怠慢の誹りは免れまい。

自民党にも、青山繁晴、山田宏両参院議員や長尾敬《たかし》衆院議員らでつくる「日本の尊厳と国益を護《まも》る会」などがあって、国益とは何か、その国益を守るための言論、立法活動に汗をかかれている。

これら議員グループの活動を自民党内、与党内に広げ、孔子学院の問題をさらに取り上げてもらいたいと切に願うのだが、野党以上に自民・公明党内に、彼らを思考停止させるチャイナマネーという毒が、かなり回っているとも聞く。チャイナマネーの贈収賄疑惑で失脚した国会議員を出したオーストラリア以上に、日本の政界も汚染されている可能性がある。国会が孔子学院程度の実態解明を進められずして、何が日中友好なのか。中国のソフトパワーの前に、わが国の独立は危ういとしか言いようがない。

尖閣諸島の武力強奪の機会を伺い、戦前の軍国主義につけ込んで日本人の自虐史観を突く中国共産党の長期の国家計画を侮《あなど》ってはならない。自民党はじめ野党も、孔子学院に対し、教育内容の開示を求めるなど、責任を持って取り組んでほしい。

教育機関の顔をした工作機関

英紙フィナンシャル・タイムズが、世界中に孔子学院を設立する狙いが「3つのT」にあると指摘したことは、すでに触れた。すなわち、チベット、台湾、天安門事件から、国内外の目をそらすことである。

簡単に振り返ると、天安門事件が起きたのが1989年6月のことだ。この2年後、日本の海部《かいふ》俊樹首相が訪中し、欧米の経済制裁にあえぐ中国に助け船を出し、制裁の全面解除を申し出た。それが1992年の天皇陛下訪中につながる。93年、中国は2000年夏季の北京オリンピック・パラリンピックに立候補するが、オーストラリのシドニーに負けて落選した。とにかく、天安門事件を世界の歴史年表から消そうという中国共産党政権による「五輪ロンダリング」の目論見《もくろみ》が敗れたのが、この一連の動きだった。シドニーオリンピック翌年の2001年、中国はようやく北京開催を決めた。

この、北京へのオリンピック招致運動と並行する形で、中国の持つ価値観を世界に広げる手段とされたのが、孔子学院だったのである。

これが、日本をはじめ欧米など、いわゆる西側諸国が共有する自由と民主主義と相容れないことは、言うまでもなかろう。中国の言う価値観とは、分かりやすくいえば「自分のモノは自分のモノ。他人のモノも自分のモノ」という価値観である。冗談でも何でもない。南シナ海を九段線《きゅうだんせん》で囲い込み、軍事拠点化している通りである。

角度を変えて言えば、中国共産党政権が追求してやまない価値観とは、軍事・経済・文化の面で、米国を凌ぐスーパーパワーとなり、世界を自らの「一極支配」体制に置くことなのである。中央アジアや東南アジア、アフリカや太平洋島嶼国まで、一帯一路という債務の罠に嵌《は》め、「成長最優先、環境対策あと回し」という、まさに中国式・独善型モデルの浸透だ。

こうして21世紀のゲームチェンジャーとして台頭してきた中国だが、今や米国や国際社会に堂々と挑戦状を叩きつけ、「中国夢」などと白昼夢を語っているのが、習近平率いる現在の中国共産党政権なのである。習近平は、毛沢東ではなく、秦の始皇帝を志向しているかのようでもある。その昔と違うのは、独裁者が庶民監視システムとしてのＡＩを駆使し、サイバー世界で情報を自在にコントロールしているということだ。

ちなみに、世界で最もインターネットを利用しているのは中国人だ。人口が多いから当たり前だが、それでも多くのウェブサイトでは、六四天安門事件すら検索できないようになっている。つまり、世界で最も情報弱者が多いのもまた、共産党が支配する中国なのである。

こうした手段の一つである孔子学院は、さきに述べた通り中国中央電子台（CCTV）と並ぶソフトパワーとして、車の両輪の役割を果たす。加えて、華為技術（ファーウェイ）とともに、中国の5G戦略を引っ張る中興通訊（ZTE）とも10年以上にわたって連携。ZTEは長年にわたって孔子学院のスポンサーになっている。

米国のネットメディア、デイリービーストによると、ZTEは孔子学院で使用されている遠隔操作教育ツールなどを無償提供し、交換留学イベントを共同開催してきたという。2005（平成17）年にフランスのポワティエ大学で孔子学院を共同設立した際にも、ZTEは同様の機器を提供している。

また2010年には、財政破綻にあえぐギリシアを訪れた中国の温家宝首相と、ギリシアのゲオルギオス・パパンドレウ首相が孔子学院の開校式に出席した。

しかし、前述した通り、近年になって孔子学院が共産主義を拡散し、言論や学問の自由を封じていると批判され、米国のテキサスA&M、シカゴ、ペンシルベニア州立、スウェーデンのストックホルム、カナダのマクマスターの、各大学の孔子学院が閉鎖している。

実際、孔子学院は表向き、非営利の教育機関の顔をしているが、対外宣伝工作組織、中国共産党中央統一戦線工作部（統戦部）のトップである劉延東・元副首相が総責任者を務めていた。統戦部は数千人にも及ぶ在外華人や留学生の思想指導、情報収集に当たっている。

こうしたソフトパワーについて、中国国営メディア「新華社通信」の魯煒副社長は、ギリシアに孔子学院が設立されたのと同じ2010年に、「国の要求に基づいて、全世界のあらゆる地域の正しい情報をリアルタイムで収集するのだ。タイムリーにかつ完璧に収集できれば、大きなコミュニケーション能力に変わる。これは影響力を持つ。つまり、ソフトパワーである」と語っている。

オーストラリアへの「静かなる侵略」

『サイレント・インベージョン（静かなる侵略）』の著者で、オーストラリア・ニューサウスウエールズ州シドニーにあるチャールズ・スタート大学のクライブ・ハミルトン教授が、筆者の書面インタビューに答えてくれた。2018年夏に続き、2度目のインタビューだ。同年に世に問うた『静かなる日本侵略』執筆の際の取材でもハミルトン教授に取材したのだが、そのフォローの意味でも、改めて聞く必要があると判断した。

ハミルトン教授は著書で、オーストラリアに移住してきた中国系の富豪が与野党の政治家や大学に多額の資金を提供して影響力を強めている実態を紹介した。このため、中国から圧力をかけられた契約済みの大手出版社から出版を拒否されたのをはじめ、他の2社にも断られた上で、ようやく出版にこぎつけた。英紙フィナンシャル・タイムズは、こうした腰くだけの出版社を「自己検閲だ」と批判し、ハミルトン教授自身も「言論の自由への抑圧に多くの豪州人が衝撃を受けた」と語っている。教授は著書で、「中国は民主主義を利用して民主主義を破壊する」と警鐘を鳴らしている。

――2018年2月の『サイレント・インベージョン』出版後、オーストラリア政界に対する中国のアプローチに変化はあったか

「オーストラリアでは、北京の影響力に対し、それを押し戻す兆しが見られつつある。だが、完全に押し戻すには長い時間がかかるだろうし、逆戻りするかもしれない。中国政府はオーストラリア国内で長年にわたって政治的な影響力づくりを行ってきた。その影響力は現在、より深く、全国規模で強まっている。オーストラリア政界への影響力を強めるため、北京政府はパースやメルボルン、ホバート（タスマニア州）などの州都で、より重点的に相当な力を注ぎ込んできたし、その力を増大させてきた。さらには豪州政界に入り込むため、中国系オーストラリア人の社会で、自らの賛同者づくりに精を出してきた」

――日本では、山梨学院大学に15番目の孔子学院が開校した。米国では孔子学院の閉鎖が相次いでいるが、日本における孔子学院の浸透ぶりをどのように見るか

「北京政府は自分たちへの賛同者や世話役、代弁者を数多く日本国内に育ててきた。中国共産党政権は、世界各地の有名大学にターゲットを絞って影響力を強めるやり方だ。例えば、華為技術（ファーウェイ）は西側諸国の大学研究所に何百万ドルも投資し、数千人の科学者を共同

研究者として他国に送り込んできた。中には軍事研究に携わる研究者もいる。日本政府は、現在日本国内で何が起きているのかを大学側に気づいてもらうよう、対策を講じるべきだ。そして、孔子学院を含めて中国共産党の影響力に抵抗するよう、大学側に圧力をかける必要がある」

――米国では2018年8月、19会計年度（18年10月～19年9月）の国防予算の大枠を決める国防権限法が成立した。画期的だったのは、孔子学院に制約をかける措置として、全米の教育機関で実施している外国語教育プログラムの予算が孔子学院に流れるのを国防総省が阻止する条項が初めて盛り込まれたことだ。これは事実上、孔子学院の閉鎖を求めるものといえる

「孔子学院は、中国共産党の影響力を世界中に拡散させる中核的な存在だ。したがって、孔子学院を否定することは国家主権の問題である。中国の豪州への政治干渉は合法的に行われてきた。2018年に豪州では内政干渉防止法が成立したが、外国人・外国企業からの献金やスパイ活動の定義拡大は、世界各国のモデルになるだろう」

華為技術（ファーウェイ）と組んで世界各地の有名大学に研究者を派遣したり、通信機器を提供するなどして潜り込む手口は、先に紹介した米デイリービーストの指摘通りである。オーストラリアのとある大学教授が、授業で台湾を国家と呼んだ際、中国人留学生がこの教授に難癖をつけ、授業中に吊し上げたケースなど、狼藉ぶりは数知れない。中国人留学生は、同じ中国人留学生を見張り、挙動が怪しい学生や教授を在豪中国大使館や領事館に密告しているという。

だが、こうして当局に密告する中国人学生スパイの方が、よほど怪しいし、むしろ潜在的な反社会分子と言えるだろう。

それは、世界各地で散見される中国人移民労働者や留学生を動員したデモでも明らかである。例えば、さきにも触れたように、2008年に中国の胡錦濤国家主席が早稲田大学を訪問した際には、キャンパスが五星紅旗で埋め尽くされた。

同年、北京オリンピックの聖火リレーが行われた長野県・善光寺周辺にも北京の号令一下、在京の中国人留学生らが駆り出され、手に手に畳2畳ほどもある五星紅旗を持って集結し、沿道の日本人と小競り合いを起こしたのを覚えている人も少なくないだろう。もっとも、日本の多くのメディアでは、官製デモを報じられたくないという北京政府の意向を忖度でもしたかのように、これといって熱心な報道があったようには思われない。

素直に考えれば、どんなに愛国心が強くても、留学生が自分の部屋にこのような巨大な国旗を持っているというのは、どう考えても不自然であり、駐日本中国公館が提供したと考えるのが自然だ。

知人の中国人によれば、中国人（漢人）の民族性は、あくまで「自分ファースト」であり、その次が家族、宗族、同郷とのことである。彼らは基本的に「公」の概念は持ち合わせておらず、政府や政権、国家など、実はどうでも良く、自分たちが住んだところが中国である——という考え方を持つ。

ちなみに、中国人は「愛国無罪」「反日無罪」などといって、日中関係がこじれると中国国内で大規模デモを仕掛けたり、暴動を起こしたりするが、これもほぼすべて、官製であろう。

このような組織的な反日運動が、いつなんどき起きないとも限らない。そのときに備えて、われわれは対抗策を講じなければならないのだ。

孔子学院の内情を暴く映画

ここまで孔子学院のさまざまな実態を見てきたが、これでは、数々の人生訓を残した中国最大級の思想家・孔子の霊も浮かばれまい。１９６０年代半ばから70年代半ばまで中国全土で吹き荒れた文化大革命のころ、自分の像や教えを「批林批孔」と唱えてさんざん排斥してきた中国共産党が今また、中国式共産主義を世界に広めようとの思惑から、孔子を弄《もてあそ》んでいるのだから。

ただ、ここへ来て、北米を中心に中国の腹黒いやり方に気づいた地元自治体や大学が、そのいかがわしさにようやく気づき、孔子学院を排斥する動きを活発化させてきた。

カナダ東部オンタリオ州の州都トロント市で２０１７年、カナダ・トロント地区教育委員会（ＴＤＳＢ）を舞台に、孔子学院をめぐる大騒動が起きた。

ＴＤＳＢは約24万５千人の生徒を抱えるカナダ最大級の教育委員会である。騒動は、同市に世界最大規模の孔子学院を設立する可否をめぐる、賛成・反対両派の激突だ。最初に論争が勃発したのは2014年のことである。

この年、ドリス・リウ監督がドキュメンタリー映画「偽りの儒教」(原題はIn the Name of Confucius)を製作発表し、世界各地で大きな反響を呼んだ。孔子学院の内情を暴く初めての映画だ。

映画の舞台は、トロント市から車で1時間ほどのオンタリオ湖に面したハミルトン市にあるマクマスター大学。ここの孔子学院で中国語教師をしていたソニア・ジャオ女史が孔子学院の関係者にインタビューを重ね、TDSBが孔子学院を排斥する決定を下すまでを実録で追いかけた。

マクマスター大は前年の2013年に、付設の孔子学院を閉鎖している。中国政府が選定する孔子学院の教師の基準は受け入れられない、というのがその理由だ。この映画で印象深いのは、TDSBの公聴会に出席して証言した、中国系カナダ人女性の発言シーン。委員会室が嘲笑の渦に包まれたのだ。

委員長「カナダ政府がケベック州に独立の賛否を問う国民投票を実施した。これと同じように、中国政府はチベットに独立の賛否を問う国民投票を認めるのか」

中国系女性「中国のチベット人は独立したいとは思っていませんから(爆笑)。ウソだと思うなら中国のチベットに行って、地元の人に独立したいかどうかを聞いたらいい(失笑)」

《筆者注：有識者の集まる上品な委員会だが、委員らの表情は明らかに、「この人は何を馬鹿なことを言っているのだ」といった蔑《さげす》み、哀《あわ》れみの表情を浮かべている。たたみ掛けるように委員長から質問が飛んだ》

委員長「ではなぜ、ダライ・ラマ14世はチベットにいないのか（拍手）」

中国系女性「（中国政府がダライ・ラマ14世を）逃がしたからだ。国境には人民解放軍がいて、私たちが逃がさなければダライ・ラマ14世は撃たれてしまうから（失笑）」

《筆者注：さすが、中国式の屁理屈が全開だ。こういう言辞を聞くと、元警視庁中国語通訳捜査官の坂東忠信氏の著書『日本は中国人の国になる』にあったエピソードを思い出す。日本人と中国人の国民性の違いを的確に言い表したものだ。

日本人は他人の失敗を「お互いさま」として許すが、中国人は自分の失敗を「お互いさま」と正当化する。日本人にとってウソをつくことは恥ずかしいことだが、中国人は恥ずかしいことを隠すためにウソをつく。

角度を変えると、屁理屈を滔々《とうとう》と述べるこの女性が、魯迅《ろじん》の『阿Q正伝《あきゅうせいでん》』に出てくる主人公に見えてくる。

生きるためであれば恥も外聞もない。食えなくなったら何でもする。それによって自分の経歴に傷がつくなんて考えない。ルンペンや犯罪者に身をおとしめても、とにかく生きる。逆境にあっても、人生終わりだなどと諦《あきら》めない。世間もそれを決して咎《とが》めない。

そんな中国人は、ひとたび他国に移住して定着すれば、仲間と共同体をつくり、チャイナタウンやチャイナロビーを形成し、着々と地歩を固めていく。中国本土から家族を呼び寄せ、あっという間に数倍に増やす。

ナイアガラの滝まで車で2時間半という立地にあるトロント市へは、米国在住中に筆者も3度ばかり行ったことがある。今にして思えば、日本の近未来の姿がそこにあった。とにかくアジア系が多く、そのほとんどは、話す言葉から中国人とみられた。カナダ政府の統計資料によると、トロント市の約10%を占める65万人が中国系だ。

市中心部の中華料理店が集まるエリアに行くと、中国系住民が集まるからか、10%という数字は、単に「10分の1」ではなく、それ以上の人口圧力を感じたものだ。こうした潜在的な人口圧力は無視できない。

日本も東京オリンピック・パラリンピックが開催される2020年には、在日中国人が100万人を突破するとの予測がある。東京都内では2019年現在、在日中国人が55万人で、20年には70万人前後になると予測される。

日本国内における在留中国人の割合が「100分の1」であっても、都内だと「10分の1」

近くになる。彼らが北京の指令ひとつで立ち上がったとき、それは孔子学院をめぐって起きたトロント市のデモや、2008年長野・善光寺付近で行われた北京オリンピック聖火リレー時のデモのように、治安を脅かすものとなりかねない》

場面は委員会に戻る。

委員長「あなたはトロントの中国系カナダ人協会（CTCCO）の代表ということで良いですね？　中国政府の公式ウェブサイトによれば、カナダで中国の国益に反することが何か起きた場合、CTCCOは反対デモを組織すると書いてある」

中国系女性「そんなことは知らない。私はカナダに来てからの方が長い。自分たちの子どもを守ることにしか関心がない」

別のアジア系委員「私はCTCCOが今日の委員会を妨害するために、中国系カナダ人らに動員をかけた証拠を握っている。彼らは交通費を支給されて動員されたのだ」

《筆者注：委員会のあるビルの外側には、畳1畳ほどの巨大な五星紅旗やカナダ国旗、チベット国旗がひしめき、それを手に持った孔子学院の賛成派と反対派がシュプレヒコールを繰り返している。

映画の中でソニア・ジャオ氏のインタビューに答えた、政治学者で中国問題専門家のクレイブ・アンスレイ氏は、「孔子学院で孔子哲学を学ぶことはできない。そもそも孔子哲学は、中国共産党が文化大革命により破壊した価値観なのだ。孔子学院は共産党のイデオロギーを広める政治機関である」と明言している。批林批孔のことは既述したが、文化大革命の当時、極左思想にかぶれた紅衛兵らが寺社や仏像、孔子廟を破壊し、歴史的な遺産が数多く壊された事実を、孔子学院に学ぶ学生や社会人は、おそらく知るまい》

アンスレイ氏は、こう語る。

「今日《こんにち》、中国共産党はその野蛮さの手法をソフトに変容させ、教育と偽って党の宣伝を広めている。孔子という名のもとに……」

イギリス保守党の人権委員会は2019年2月に報告書をまとめ、「孔子学院は安全保障上、深刻な脅威がある」と結論づけた。

報告書は、ソニア・ジャオ女史の話を引用してこう述べている。ジャオ女史はカナダに来る前、3カ月間、北京の孔子学院本部で研修を受けた。中国は一つ、台湾は中国の一部、チベットは中国の一部、独立などもってのほかであると。もし学生から台湾やチベットの問題を質問されたら、話題を変えろと指導されたという。マクマスター大学孔子学院の教員として契約した際も、共産党が「敏感話題」とするこれら台湾、天安門事件、チベット、ウイグル、民主主義、人権、法輪功などの話題を、教材に取り上げることはなかったという。仮に生徒がこのタブーを質問しても、回答を避けるよう指示された。

ジャオ女史は、孔子学院との契約書は、教師個人の信仰を踏みにじる差別的なものであり、自由な信仰を破壊するものだと主張する。人権委員会のレイシェル・ピーターソン氏は、「孔子学院は極端な秘密主義をとっていることが問題だ。そのやり方は、何かを隠していると思わせる」と指摘する。そして、この証言が一番、薄気味悪い。映画監督のドリス・リウ監督も、「契約書には、署名誓約した者にしか見せてはならない秘密条項がある」という。

さらに懸念されるのは、米中央情報局（CIA）によれば、孔子学院はスパイ活動を行っている可能性があるということだ、と報告書は指摘する。米連邦捜査局（FBI）のクリストファー・レイ長官も米上院情報委員会で、孔子学院は捜査対象であると明かしている。

TDSBで証言した元カナダ安全保障局アジア太平洋主任捜査員である、マイケル・ジュノー・カツヤ氏は証言する。

「孔子学院は決して博愛主義ではない。中国共産党情報機関の意向で動く工作機関である。そうでないというなら、自らがそれを明確に証明してみせねばならない」

詰まるところ、孔子学院とは名ばかりで、その実態は「毛沢東学院」であり、衣《ころも》の下に鎧《よろい》を隠し、文化機関を装った工作機関としての「習近平学院」なのである。

GHQに焚書された長野朗の『民族戦』

戦後、GHQ（連合国軍最高司令官総司令部）にとって不都合な真実があるために焚書された傑作本があった。1941（昭和16）年出版の長野朗《あきら》著『民族戦』（柴山教育出版社）だ。まず、国家主義者であり、農本主義者でもあった長野の経歴を紐解いてみる。なお、以下で使用する「支那」という単語は、長野の原著および当時の呼称にならうものであり、何ら差別的な意図のないことをお断りしておく。

彼は天才・石原完爾と陸軍士官学校の同期で、陸軍大尉を最後に支那問題の専門家となった、戦前屈指のチャイナ・ウォッチャーだった。今、長野のことを国家主義者と書いたが、「単純なナショナリストではなく、支那の悲惨な農村の実態をつぶさに見聞し、彼らの視点を忘れない点で、アジア主義的な広がりのある思想の持ち主でもあった」という（西尾幹二著『GHQ焚書図書開封7　戦前の日本人が見抜いた中国の本質』徳間書店）。

長野は1888（明治21）年生まれ。陸士（第21期）卒後、大日本帝国陸軍の支那駐屯軍に属し、資源調査に従事した。陸軍歩兵大尉で待命となる。思想家の大川周明らと交わり、農本連盟、自治農民協議会を組織した。拓殖大教授を務めるが、1947（昭和22）年、公職追放される。機関誌『思想戦』を発刊。1953（昭和28）年、全国郷村会議を組織し、委員長に就任。著書に『支那の労働運動』など。1975（昭和50）年、87歳で死去。

日米開戦前夜に書かれた『民族戦』の注目すべき点は、その驚くべき今日性にある。長野は戦争の本質について、民族エネルギー（本能）の激突であると説く。その上で、持つ国と持たざる国である英米と日本の対立は、「経済上の問題ではなく、国民の活〔生〕きる問題であり、要するに民族の問題である」とした。

巷間言われてきた、全体主義と民主主義の戦いなどという後づけの講釈ではなく、国民が生きていけるか否か、民族の死活問題だというのである。一見、あまりに短絡的に過ぎやしないかと立ち止まりかけるが、どうしてどうして、さきの大戦が終わって74年が経つというのに、説得力を持ってわれわれに語りかけてくるのである。

アメリカが「西へ、西へ」と向かうことには理由もなく、何がなんでもそうするという無茶苦茶な欲求であり、そうした民族〔筆者注：長野はアメリカを民族と大きく捉えていた〕のエネルギーというのは、元来説明がつかないものであるというのだ。理屈ではなく民族の本能で西進してくるのだから、アメリカの西に位置する日本はどうしたって彼らと衝突せざるを得ないことであり、われら〔日本人〕が迎え討たざるを得ないのは「宿命であると知らねばならぬ」と日本人に説いている。

この長野の分析を西尾氏は、「この考え方はあまりに単純過ぎるかもしれないが、当たっている。力と力のぶつかり合いの要因には経済もあるが、経済や金融がすべて動かしていたと考えるのも単純化で、宗教的情熱、人種感情、地政学的偏見などさまざまな要因が絡まって民族のエネルギーを形成したと考えるべきだ」としている。

さて、長野による「戦争」に関する大掴みな分析を踏まえ、支那についての考察を見てみたい。長野は言う。

「支那民族の発達は、米、露二国とは著しく異なった方式をもっている。米国の発達の方式はドルであり、これを保護するために軍艦と飛行機がある。ロシアの民族発展は銃と剣が先にあって、植民と商業が後からついてくる。ソ連になってからは、組織と宣伝〔政治プロパガンダ〕が加わった。これに比して支那の民族発展は鍬《くわ》だ。人が土を匍《は》ふて行く、政治はその後から来る。米国の発展は表皮を剥ぐのだ。ロシアの発展はその肉をくらう。支那のそれは骨の髄に食い込む最も深刻なものである」

ここでいう「発展」とは、「侵略」という文字に置き換えても良い。これらの国々は、どんな風に侵略をしてきたかという例えである。チベットやウイグルがその証左である。支那人はありとあらゆる土地に移り住み、定住してしまう。西尾風に言い換えると、アメリカの侵略は資本を押し立てる侵略であり、ロシアは武力による領土強奪、支那は「民族的移住的な侵略である」ということになる。

大変示唆的であり、今後日本が中国とどういう距離感を保つべきかを考えさせられる分析である。引き続き長野の分析を見てみたい。

「支那人の古来の発展は民族的である。国家などには頓着なく、支那民族が発展していくのだ。血縁相牽《ひ》き、同郷相求め、村をなし郷をなし町をなす。その統治者の如何《いかん》は問うところではない（統治者がだれであろうと関係ない）。したがって支那民族の発展は極めて平和的であるが極めて深刻である（ひとたび支那に入り込まれると、その影響は深刻だ）。支那人はアメリカ人の如く資本侵略でもなく、ロシア人の如く征服略奪でもない。土着的である。その土地に土着して農を営み、商工を営み村をなし、県をなし、省をなす。彼らには武力の背景も国家の背景も必要ではない。丸く巻いた布団を担ぎ徒手空拳にして、如何《いか》なる気候の下にも、熱帯にも、寒帯にも温地にも出かけるし、如何なる業務も厭《いと》わず孜々《しし》として（一生懸命に）やるし、如何なる政治の下にも平気である」

　これも、まるで魯迅の『阿Q正伝』に出てくる主人公、阿Qの生きざまそのものである。

　これこそが、支那人の発展、すなわち、侵略の様態なのである。背筋が寒くなるような不気味さを感じさせるではないか。武力を持って攻め込んでくる方がまだ分かりやすい。千葉や埼玉のチャイナ団地を取材していると、まさに、「支那人の発展（侵略）」は長野の言う通りだということに、いやでも気づかされるのである。

　現状、世界を見渡せば、中国人（以下、長野の論文から離れて「現代の支那人」を呼称する際には、広く使われている「中国人」という言葉を使う）は米国、カナダ、オーストラリア、イギリス、フランス、ドイツ、東南アジア、アフリカと、世界中いたるところに出て行って、チャイナタウンをつくり、チャイナロビーを形成し、着々と地歩を築いている。

中国人に限らず、外国人移民をひとり入れるということは、制度の差異はあっても結局、その国や自治体が、納税の有無にかかわらず、移民の社会保障や就労支援、その子どもの教育から治安上の問題までの一切合切《いっさいがっさい》を引き受けることにほかならない。彼らは、特に先進国でそうなのだが、そういう人権上の配慮が行き届いた制度に甘え、制度をしゃぶりつくし、少しでも生活に余裕ができると母国から家族を呼び寄せ、あっという間に仲間を増やしていく。まさにわが国で今、起きていることなのである。

生きるための手段を選ばない民族

長野は各国の民族的エネルギーの出し方について、アメリカは資本という間接侵略、ロシアは武力による領土侵略を行うが、支那は大量移住によって民族的発展をするというパターン分類を示した。支那は戦争に勝っても負けても発展（侵略）するというのだから、厄介だ。

まず、戦争に勝った場合は、相手国の壮年男子を支那本土に送って大陸各地に分散して住まわせ、支那の風俗習慣、文化などで同化させるのだという。恐ろしいのはここからだ。壮年男子を拉致された敗戦国には、老人と婦女子しか残らない。そこに支那人がドカドカと移り住み、残った女性と混血して相手国を支那にしてしまうというのである。

呑み込んで、溶かして、区別がつかぬようにしてしまう。まさに民族浄化である。その犠牲として、チベットやウイグルはすぐに思いつくが、満州だって、もともとは支那人の土地ではない。万里の長城が北京市郊外から連なっていることがそれを証明している。北京周辺の長城の向こう側は、支那人の発想で言えば、古来より北狄《ほくてき》の住む化外《けがい》の地であり、東夷《とうい》・西戎《ぜいじゅう》・南蛮《なんばん》に囲まれていたのである。それを今になって、4千年の昔から支那の領土だったとうそぶいている。どこまでもおこがましい中華思想である。

次に、戦争に負けたときだが、これもまさに満州が良い例である。明を倒して清朝を建てたのは、支那人ではなく、満州人だった。満州族が北京に入り、支那大陸の各地に勢力を張ると、支那人は寄ってたかって満州人を逆に同化してしまうのである。

満州は清朝の祖国ではあるけれど、いつの間にか支那人が移り住んで、自らの共同体をつくってしまう。「負けて勝つ」彼らの生物的・民族的生命力、エネルギーの発露がここにある。

支那人のすさまじい生命力は、「生きるためなら恥も外聞もない」ことに、その真髄を見ることができるのである。長野は言う。

「支那人は生きることが最上であり、生きるためには手段を選ばない。生活が困難なら土匪《どひ》が増え乞食《こじき》が増える。一時、こうした横道に入ること（強盗になったり、ルンペンになったりすること）を大して悪いとは思わず、世間もそれを咎め立てしない。勇敢な者は匪賊になり、おとなしい者は乞食になる、生活が安定すれば、元の職業に戻り、何事もなかったかのように、すましている。彼らはいかなる苦境にあっても、決して悲観しない。極めて楽観的である」

生きるためには、恥も外聞もない。「武士は食わねど高楊枝」というような、武家社会における日本人の生きざまなどは、彼らにはまったくもって理解できぬ所業であろう。

こうした彼らの生命力が、他文化と接触した際に、その国の住民たちとの軋轢《あつれき》となっていくことは、火を見るより明らかである。そして、日本人には想像できないだろうが、支那人はわれわれ日本人が知ったら腹がよじれるほどのウソをつきながら、したたかに生き抜いていこうとするのである。

例えば、河添恵子氏の著書『中国人の世界乗っ取り計画』(産経新聞出版)によると、カナダ移民を企《たくら》む中国人が、当局の係官から大学の卒業証明書の提示を求められた際に、こう、のたまったという。

「どこの大学がいいですか。明日までに準備します」

ほとんどコントである。

元警視庁中国語通訳捜査官だった前出の坂東忠信氏によると、日本で万引きして現行犯で逮捕された中国人女性は、取り調べに対し、「商品が勝手に手提げ袋の中に入ってきた」と強弁することもあったそうだ。あるいは、窃盗犯の中国人女性に証拠を突きつけると、取り調べ室で突然死んだふりをすることもあったとか。くすぐってもピクリともせず、なかなか堂に入った役者ぶりだったそうだ。

さらに、これは最近ネットで見た「当たり屋」の動画なのだが、中国のとある街中で、ベビーカーの前に何度も何度も倒れ込み、「轢《ひ》かれた、轢かれた」とやっていた中年女性がいた。もう笑うしかない。

戦前の長野論文が指摘したとおり、現代になっても〝支那人〟は、あの手この手と孔子学院のように形を替えながら、どこまでも生き延びようとし、海外に根を張り始めているのである。

第四章　外国人にタダ乗りされる日本の医療制度

お人好しジャパンに「バイバイ」

従来、外国人の国民健康保険（国保）加入は1年の在留期間を満たす必要があった、だが、平成24年に住民基本台帳法が改正され、3カ月以上の滞在見込みであれば、外国人も住民登録されることになり、国保に加入できるようになった。保険料は前年度の収入に基づく所得税額によって算出される。このため、来日直後で前年度に日本国内で収入のない外国人の保険料は、最低額（月に数千円）で済む。これで、高額な医療費がかかった場合に治療費を払い戻す「高額療養費制度」も使えるのだから、日本は外国人にとって、まさに医療天国だ。

2020年の東京オリンピック・パラリンピックを前に、日本人は「お・も・て・な・し」に力を入れるが、外国人から見たら、医療保険制度をおざなりにする日本人の姿は、「お・ひ・

と・よ・し」そのものである。

もちろん、おもてなしの精神は日本人が持つ美徳の一つであるが、使い方を間違えると大変なのだ。悪意のある人間から見たら、単なるお人好しに過ぎなくなる。外国人医療の問題では、ぜひとも「お人好しジャパン」からの脱却を図りたい。それが、真面目に保険料を払う者への礼儀である。

日本人やわが国の制度が、いかにお人好しで未整備であるか、聞いたら、おそらく保険料をきちんと支払っている多くの日本人が怒り出すと思われる事例を紹介する。

特に問題なのは、高度な医療サービスを一部の負担だけで受けられる日本の医療制度を悪用し、海外から医療目的で入国してくると見られる外国人の存在である。

60代の中国人女性のケースだ。女性は来日後すぐに大腸がんの手術を受け、抗がん剤治療を続けていた。治療費は約200万円だが、日本の保険証を持っていたため、本人負担は20万円ほどで済んだという。

この女性いわく、「日本で保険を利用して病気を治療できて、負担を大いに軽減できるので、とてもうれしい」。

この女性、実はずっと中国に住んでいて、保険料を一度も支払ったことがなかった。なのになぜ、日本の保険証を持っていたのか。決して盗んだものでもなければ、他人に「なりすまし」たわけでもないのである。

ここに、わが国の制度欠陥が潜んでいた。悔しいと思われるかもしれないが、いくら道義的に問題があったにせよ、厳密に言えば、悪いのはこの中国人女性ではないのだ。抜け穴だらけで、日本人への逆差別ともいえる不公平状態を放置したままの日本の医療保険制度が悪いのである。もっと言えば、知っていて声を上げなかった官僚や政治家である。

仕事や留学などの目的で来日した人が、保険に加入できるのは人として当たり前だが、問題は、この中に扶養を受ける人も含まれていることなのだ。さきの中国人女性には、日本人と結婚した娘がいた。本当は治療目的であるにもかかわらず、娘の夫の扶養に入るという名目で来日して保険に加入し、高額の手術を受けていたのである。

医療目的で来日する際に申請する医療滞在ビザではなく、別の目的で来日し、治療の必要から、特定活動（医療滞在）にビザを書き換える場合もなくはない。だが、この場合の発給条件は厳しく、母国に面倒を見る家族や親族がいれば、許可されることは稀だ。母国の医療機関で治療し、自己責任で支払って、親兄弟に面倒を見てもらえば良いからだ。

だが、この女性には中国に夫がいた。年金で十分に暮らしており、娘からの援助を受けたことはなかったという。つまり、娘の夫の扶養に入ること自体が、本来あってはならないことなのである。ではこの女性がなぜ、扶養に入れたのか。背後に巧妙かつ狡猾《こうかつ》な入れ知恵をしたブローカーがおり、ビザの申請書類を偽造したと見られる。日本の水際は非常に緩い。

もちろん、オチはある。娘の夫の扶養に入るのが来日の目的ではなかったことが、手術後に判明したのだ。来日1カ月前、中国の病院でこの女性がすでにガンの診断を受け、娘があらかじめ日本の病院を予約していたからである。

いくら、厳密にはこの女性が法に抵触していないとはいえ、腹だたしいではないか。民主国家である以上、わが国は、韓国みたいにわざわざ新法をつくって前職大統領を逮捕するような真似《まね》はできないが、事後であっても何とか法の網を被せることができるよう、国会には法整備を進めてもらいたいものだ。そもそも、妻の言うなりになって扶養に入れるなどと口裏を合わせた日本人の夫を、お白洲《しらす》に引っ張り出して言い分を聞いてみたいものである。

この女性、NHKの取材に対し、悪びれることもなく、こう明言した。

「来日前、娘から日本の保険で治療できると聞いた。保険があるから日本に来た。全額自己負担なら絶対に来なかった」

娘も、しゃあしゃあとこう言い放った。

「母は中国の田舎に住んでいて、検査する機械もない」

検査する機械があるから、ガンだと診断されたのではなかったのか。仮に医療機械がないからといって、日本人がコツコツ支払い、それでも足りないからと40%を税金で運用している医療費に、タダ乗りして良いはずがない。

娘が続ける。確信犯だ。

「不公平と思う人がいるかもしれないが、保険を使って命が助かったから、とても良い」

母が娘の発言を引き取って言った。

「日本政府の制度は素晴らしい」

最後に娘が口を開く。

「バイバイ」

以上は、2018年7月23日に放映されたNHK番組「クローズアップ現代＋《プラス》」の再現である。特に、この最後の「バイバイ」というのが、テレビを視聴していた日本人のカンに障ったであろうことは、想像に難くない。彼らの行為は不適切だが、違法行為ではないから仕方ないのである。責めるべきは、欠陥だらけの制度を放置したままの日本の立法や行政であり、われわれ日本人自身なのである。

この中国人女性を扶養に入れた日本人の夫は、現在どうしているのか。本筋からそれるが、もし離婚でもしていたら、なお腹だたしいではないか。まんまと中国人母娘に利用されたことになるからだ。いや、もしかしたら、義母の手術代の浮いた一部を懐に入れていた可能性すらある。いずれにせよ、善良な日本人には、なすすべもない。

他人の保険証で「なりすまし」

外国人に対する公的医療保険制度の「抜け穴」については、

①来日3カ月超で国民健康保険に加入して高額治療を受ける
②健康保険証を仲間内で使い回しする「なりすまし」
③海外で治療して必要書類を偽造し、保険の適用申請をする
④母国の家族を扶養に入れて治療を受ける

——といった問題点がある。

①と④については、前項で見てきた通りである。特に、④については、2019年の通常国会で改正健康保険法が成立し、原則日本国内在住者だけが対象となったことで、この問題も少しは前進した。人の往来の国際化が活発化し、改正前の法律が想定していない事態が生じているのだ。例えば、前項の中国人女性のような、日本人配偶者と結婚した外国人の親で、日本に生活基盤がなく国内の医療機関を受診する機会が考えられない者までが、被扶養者として健康保険の対象になっているケースだ。

改正法では、健康保険制度の原点に立ち返り、国内居住者が国内の保険医療機関を受診した場合に保険給付を行うよう、給付対象を厳格化した。だが、これまでは、給付対象者には国内居住要件がなかったため、一定の条件を満たせば母国に残してきた在留外国人の家族の医療費も日本の保険で支払われてきた。さらに、企業の健保であれば、本国の3親等以内の親族を扶養に入れることもあった。これらが不正の温床となっていると見られたためだ。海外では血縁関係や扶養実態の確認が難しく、そこに不正が横行する余地があった。それを、改正健康保険

法の施行で、保険適用の対象を原則として、国内居住者だけに限定したのである。

ここでは、②の、いまだ放置されたままとなっている「なりすまし」問題を見てみたい。保険証には顔写真がない。別人かもしれないと思っても「本人だ」と主張されると、病院側は反論が難しい。「なりすまし」が見破られなければ、国保などに加入していれば、原則3割負担で済ますことが出来る。もちろん、非加入なら全額自己負担である。

神戸市に不法滞在していたベトナム人女性が2014年、日本在住の妹の国民健康保険証を利用して、エイズウイルス（HIV）の治療を2年間受けていたことが発覚した。一部自己負担を含む、1000万円以上の医療費がかかったという。保険証には顔写真がないため、病院での本人確認には限界がある。その盲点を突いたものだ。

この事実は2018年8月、自民党の「在留外国人に係る医療ワーキンググループ」が行ったヒアリングで、神戸市の担当者から実例が報告されて発覚した。だがこれも、氷山の一角と見られる。この事態を受け、遅ればせながら厚生労働省は19年に入り、不正事案の調査を開始した。ただ、外国人やその家族の健康状態を来日前に正確に把握するのは困難で、不正利用の実態把握は進んでいない。

そもそも、国民健康保険証に写真添付がないのは今指摘した通りで、自分で現住所を書き込めるものもある。このため、在留資格の真偽を、医療機関や保険者である自治体では把握しづらい。すでに国保に加入している家族や知人になりすましても、医療従事者が加入者本人かどうかを識別するのは困難だ。

中には、こんな笑うに笑えないケースもあった。正直者と言うより、背に腹は替えられなかったのだろう。こんな1本の電話が医療従事者の事務所にかかってきた。中国人男性だった。

「保険証を貸した人が入院してしまい、保険証を返してくれない。自分も病気になって入院する必要があるのだが、どうしたら良いのか」

電話の先は、外国人の医療に関する情報を提供しているNPO法人「AMDA《アムダ》国際医療情報センター」（東京都新宿区、小林米幸《よねゆき》理事長）だ。理事長の小林氏は医師で、神奈川県大和市の病院理事長も務め、長年外国人医療に関わってきた第一人者だ。

小林氏は、診療や外国人医療に関する講演、執筆などに追われ、「体が2つ欲しい」と、ぼやくほどの忙しい毎日だ。2019年6月23日、東京・駒込の日本医師会館ロビーで、会合の合間をぬってインタビューに応じてくれた。

NPO法人「AMDA国際医療情報センター」の小林米幸理事長
＝2019.6.23、豊島区駒込

なりすましの問題を聞くと、小林氏は「在留カードと照らし合わせても、外国人の場合は本名ではない『通名』で保険証をつくることができる。本人確認が煩雑で、医療機関が確認することは難しい」と話す。

他人の被保険者証を流用して安価に医療を受診する「なりすまし」対策には、日本人と外国人を問わず、医療機関が必要と判断する場合には、本人確認書類の提示を求める必要がある。健康保険法の改正で、今後はそれができるようになったのは、小さな一歩だが大事なことである。

健康保険は、「みんなで負担している」という信頼で成り立っている。放置すれば、受益と負担のバランスは成り立たない。厚生労働省は費用と手間暇がかかることを理由に、保険証への写真添付や旅券（パスポート）のようなＩＣチップの導入に否定的だが、今これを真剣に考えずして、いつやるのか。

移民大国の英国も、現在日本が抱えているのと同様の問題に悩まされ、数年前からヘルス・サーチャージ制度を導入した。２０１５年に導入され、ビザ申請時に滞在年数分だけ、２０１９年1月からは年４００ポンド（約6万円）分の支払いを外国人に義務づけている。しかしこれでも不公平感は拭えず、外国人の医療費問題は、欧州連合（ＥＵ）からの脱退、いわゆるＢＲＥＸＩＴ（ブレグジット）を決断する大きな理由の一つとなっている。

厚労省という巨大組織だけに、俊敏に動くことは難しい面もあろう。だが、スピード感を持った政策遂行には、予算と人的資源の面において、集中と選択が欠かせない。これだけ日本の医療制度が外国人に食い物にされているのだから、最優先で取り組んでほしい。

厚労省といえば、最近では、遺骨収集派遣団が旧ソ連に抑留された日本人の遺骨を取り違え、これを放置していた。また、賃金や労働時間などの動きを示す毎月勤労統計をめぐる統計不正の記憶も新しい。不正を監督し是正指導すべき立場の官庁がこれでは、移民大国になりつつあるわが国の医療制度を任せて大丈夫なのかと不安になる。不手際や不祥事の隠蔽に注力する時間と暇があるなら、外国人の医療問題に正面から向き合うべきだ。

ビザが悪用される巧妙なケース

次に、外国人が留学など、入国目的を偽って国保に加入し、少ない自己負担で高額な治療を受けて帰国する不正なケースを取り上げる。

整理しておくが、そもそも医療目的（医療滞在ビザ）で日本を訪れた外国人は、国保に入ることができない。中国の富裕層の間では、日本の高度医療や健康診断を受ける「医療ツーリズム」が人気だが、彼らは国保に入れないので全額負担（自由診療）となる。保険料を払っていないのだから当然であるし、自腹だから何ら問題もない。どうぞ、日本の高度医療を満喫していってください――である。

彼らに特に人気なのが、中国人に多いC型肝炎の特効薬であるハーボニーだ。3カ月投与で450万円ほどかかる。だが、これが、国保に加入して高額療養費制度を使えば、月額2万円が上限となるのだ。肺がんなどの治療に使われる抗がん剤オプジーボは、点滴静脈注射100ミリグラムで約30万円、1年間で1300万円の医療費がかかるとされる。100人がこれを利用すれば13億円かかる。だが、高額療養費制度を使えば、実費負担は月5万円で済む。オプジーボひとつとっても、この金額である。財源がいくらあっても足りない。

しかし、深刻なのは、前述した中国人母娘のような、医療目的を隠して来日し、扶養入りなどの手を使って不適切な形で国保に入り、治療を受けて母国にトンボ返りする悪質な外国人のケースだ。日本の国内法の欠陥を突くこのやり方は、違法行為ではないだけ、余計に腹だたしいのである。

医療目的を隠して来日する手段として使い勝手が良いのは、留学ビザや扶養入りだけではない。「経営・管理ビザ」が隠れ蓑として悪用されるケースもある。医療ツーリズムを利用して高額な健康診断を受けて精密検査し、いざ病気が見つかると会社を設立して経営・管理ビザを取得し、日本で治療する中国人がいるのだという。彼らにとって医療ツーリズムは、日本の高度治療を安く受けるための「下見」なのだ（週刊現代2018年5月26日号）。

厚労省のずさんな書式

厚生労働省による2017年の調査で、外国人が国保に加入して半年以内に80万円以上の高額な治療を受けたケースは、1年間に1597件あったことが判明している。しかし、この中で、医療目的を隠して保険証を取得した疑問のあるケースがどれくらいあったのかは、分かっていないのである。通り一遍の調査などをやっても、言葉の壁や外国人の母国の医療制度の違いなどもあり、月ごとの診療報酬明細書であるレセプトを医療機関から受け取った市町村や健康保険組合などの保険者に、そうした不正が判別できようはずもない。だからこそ厚労省は今すぐ、医療費データの書式を、日本人と外国人の区分を明確にするよう見直して、すべての自治体に周知徹底させねばならない。

さて、厚労省によると、国保の２０１６年度の被保険者は３０１３万人。このうち外国人は99万人（３・３％）おり、19年度比で15万人増えた。国保全体の被保険者が減る中、外国人が占める割合は逆に2倍近く増えている。一方、国保の16年度の赤字額は１４６８億円で、赤字分は公費で穴埋めしている。

東京都荒川区の事例を見てみよう。区の担当者は、本来国保の加入資格がなく、医療目的の入国が疑われるようなケースでも「入国前に日本の医療機関へ入院予約しているような明確な証拠でもない限り、『本当の入国目的は何ですか』とは聞きづらい」という。荒川区では、２０１０年度の国保加入者数は、日本人と外国人を合わせて計６万８２１０人だったが、14年度には6万３２８２人に減り、18年度は5万４１１２人まで減っている。

国保全体の加入者数が減少する中、外国人の加入者数の絶対数が増えているのは全国と同じ傾向で、外国人比率が上がっているということにほかならない。実際、国保における外国人比率は２０１０年度は12・３％だったが、14年度は15・４％、18年度は９６８８人で全体の18％にのぼっている。

日本人と外国人の保険適用分の医療費はどうなっているのか。

この問題を追及している荒川区議の小坂英二氏のブログによると、日本人と外国人の保険適用分の医療費内訳を示すデータはないという。

理由は、国保の医療費のデータは、外国人と日本人の区別がないまま入力されているからだ。医療費のデータを外国人と日本人で区分けするには、医療費データを全て加入者情報と照らし合わせて分類しなければならず、何万件もそんな照合はできないという。これは、外国人の人権を考え、わざわざ分類しなかったというよりも、現在のような大量の外国人流入を想定していなかったため、未分類のまま放置されてきたというのが実情ではあるまいか。

小坂氏が区の担当者に、なぜそんなずさんなデータづくりをしているのかを質すと、そもそも国の定めたデータの書式が、日本人と外国人の区別を入れる形式になっていなかったからだという。多くの自治体で同様に、外国人と日本人の区別がないまま医療費のデータがつくられているのは、論を俟《ま》たない。

これでは、外国人に給付される保険適用の医療費など、分かろうはずがない。

騙し取られた出産育児一時金

外国人に対する医療をめぐる問題は、「なりすまし」や高額医療だけではない。外国人による出産育児一時金の詐取も野放し状態となっている。出産育児一時金とは、出産費用の負担を軽くするため、原則として子ども1人につき42万円が、国民健康保険や企業の健康保険組合などの被保険者に支払われる制度だ。国内での出産では、出産したことを示す証明書などの書類の提出を受けて被保険者に支払われる場合と、病院に直接支払われる場合がある。海外出産の場合は、被保険者が支払いを受ける仕組みしかない。これが、申請書の偽造による不正受給の抜け道となっているのだ。言葉の壁を逆手にとった犯罪だ。

国民健康保険の出産育児一時金をだまし取ったとして、神奈川、千葉両県警は2019年8月22日、ボリビア国籍の会社役員イシイ・コシオ・マリオ容疑者（51）＝横浜市戸塚区＝を、詐欺と詐欺未遂の疑いで再逮捕し、発表した。同じ国籍の派遣社員パンドゥロ・ペレス・マジェルリ容疑者（36）＝群馬県太田市＝も同日、同容疑で逮捕した（朝日新聞2019年8月22日付 電子版）。

捜査関係者によると、イシイ容疑者は、パンドゥロ容疑者がボリビアで三つ子を出産したとする出産証明書を偽造した。それを千葉県内の自治体に17年5月に提出し、翌月、出産育児一時金約121万円をだまし取った疑いがある。また、同年6月にも、同様の手口で、群馬県内の自治体で約121万円をだまし取ろうとした疑いがある。この容疑者は、近畿地方の自治体でも、別の女が三つ子を出産したと偽り、約126万円をだまし取ったとして8月1日、両県警に詐欺の疑いで逮捕されていた。関東、中部、近畿を中心に同様の手口で40件弱、約2千数百万円をだまし取った疑いである。イシイという名前からすると日系人だろう。どこでだれに入れ知恵されたのか、あるいはブローカー組織が暗躍しているのかは不明だが、許し難い犯罪である。

ゴキブリに例えたらさすがに失礼だが、1匹捕まえたらその数倍は潜んでいると思え――というのが、ゴキブリ退治の鉄則である。イシイ容疑者のような犯罪予備軍は、背後にうじゃうじゃいると見た方がよいだろう。

さきの小坂荒川区議の報告によると、荒川区では2017年度、外国人の申請に応じて出産育児一時金（42万円）を支給した件数が105件にのぼった。このうち海外で出産した外国籍の申請は35件あり、いずれも支給されている。

一時金の申請には、病院が発行する書類が必要だ。だが、小坂氏は「海外の病院の書類は偽造が可能だ。5万~10万円で出産しても42万円を受け取れる。言葉の壁もあってブラックボックスになっている。自治体に真偽の確認は難しい。悪用を何とも思わない人間にとって、簡単に悪用できる制度だ」と指摘する。まさに、イシイ容疑者のパターンである。こうした不正を野放図に認めれば、医療費は無尽蔵にふくらんでしまう。

もちろん、本来の理念に沿ってこの制度を利用するのなら、外国人が受給しても、なんの問題もない。だが、不正が疑われるケースが後をたたないのもまた、事実なのである。

前述したAMDA国際医療情報センターの小林理事長は、こうしたわが国の医療保険制度の実態について、「保険の食いつぶしと言われても仕方がない。他国のように外国人を一定期間、別枠とする制度も考えるべきではないか。そうしないと、日本人への『逆差別』になりかねない」と指摘する。実際、オーストラリアなどは、一時的に老親を呼び寄せる際は、オーストラリア国民とは別枠の保険を発布し、ビザ申請の際には親の健康チェックも義務づけている。最近では、中国などアジアばかりではなく、米国や英国からも、日本で安く治療を受けるにはどうしたら良いかといった相談が来るという。

さて、悪意はなくとも、日本の国内法の範囲内であれば構わないという意識で、不適切な給付を受ける外国人もいるだろう。厚労省はじめ関係省庁や自治体は、外国人にも医療保険の仕組みや手続きがきちんと理解できるよう、分かりやすい説明をする努力が欠かせない。

もちろん、悪質なケースは検挙をためらってはならない。医療関連のデータも、日本人と外国人という区分だけではなく、国籍での区分もするべきである。刑法犯などは、国籍によってさまざまな傾向が見られる。不正を摘発し未然に防ぐためにも、国別に詳細なデータを保管するのは、法治国家なら当たり前のことだ。日本人であれ外国人であれ、保険料を支払っている真面目な人が不公平感を抱かぬよう、公平な制度運用を図っていくのは当然のことである。

国民医療費は現在、1989年の20兆円に比べて2倍以上の42・3兆円にのぼっている。しかも保険料だけではまかないきれず、40%近くは税金が投入されている。特に75歳以上の後期高齢者の医療費は全体の35%を占め、その額は約15兆円にのぼる。団塊の世代が75歳以上となる2025年には、全体の医療費が年間54兆円に達する見込みだ。

法律は改正されたが、公平な制度運用を心がけなければ、日本の医療保険制度そのものへの信頼を揺るがす事態になりかねない。しかも施行は、2020年4月からだ。

日本の医療保険制度を守るために

ここまで見てきたように、留学などと在留目的を偽って国民健康保険に加入し、治療後に帰国してしまうケースなどは、もってのほかである。

大事なことだからもう一度繰り返すが、他人の被保険者証を流用して安価に医療を受診する「なりすまし」対策には、日本人と外国人を問わず、医療機関が必要と判断する場合には、本人確認書類の提示を求める必要がある。「なりすまし」だけではなく、来日半年以内で高額治療を受ける外国人には、来日目的もきちんと質す必要があろう。

本人が否定しているにもかかわらず、それ以上聞くと、人権問題になるから聞きにくいという役所の窓口担当者の気持ちも分からないではない。へたをしたら人権派弁護士が出てきかねないからだ。食いぶちを見つけたとばかり、人権派弁護士は、「外国人を不当に排除している、けしからん、差別主義者だ」などと難詰してくるかもしれない。だが、悪質な外国人をはびこらせれば、まっとうな在留外国人や日本人までが迷惑するのだ。

だから、そんな人権派弁護士が出てきたら、区民の公僕であるという公務員のプライドにかけて、「悪質な人間は外国人であろうと日本人であろうと指摘する。悪質な外国人にお引き取り願うのは、法治国家なら当たり前のことである」と言い返してほしい。

出入国在留管理庁だって、来日目的が留学であれ、就労、あるいは扶養であれ、書類に不備がなければ追い出すことができないのは、法治国家である以上、当たり前のことだ。

だが、ブローカーの入れ知恵で口裏合わせをしているかもしれないが、受給申請する当人の家族や日本側の引き受け手からの念入りな聴取に加え、NPOなどの専門家に相談することはできるのではないか。さきの、中国人女性と結婚した日本人男性のように、健康保険組合が扶養を審査する際には、仕送りしていたことを示す証明書の提示を求めるなど、いくらでもやるべき対策はあるはずだ。

だいたい、外国にいてその国の治療を受けるのだから、母国と違ってハードルが高くなるのは当たり前であり、こうしたハードル自体は人権問題でも何でもない。筆者も、高額治療ではないが、都合7年近くにわたる米国滞在中、何度か医療機関の世話になったから、日本に滞在する外国人の気持ちは、多少なりとも分かっているつもりである。日本との保険の違い、症状の説明など言葉の壁も立ちはだかり、日本の医療機関にかかるように容易でないことは、肌身をもって体験したからだ。それでも、国は関係者に対して改正法の周知徹底を図るとともに、必要に応じて改正をためらわず、日本の医療保険制度を守っていかねばならないのである。

外国人医療2・0

「外国人医療2・0」とは、「違法ではないが不適切」と呼ばれるような、わが国の医療制度の欠陥を突いた新手の医療ビジネスのことだ。2・0とは、ウェブの新しい利用法を表す造語であり、つまり、外国人医療における「なりすまし」や高額医療の受診に代わる、「グレーゾーンビジネス」が登場してきているのだという。医療関係者の話によると、日本の医療従事者や法をよく知る行政書士らが、1枚も2枚もかんでいるケースがあるというから、穏やかではない。東京都内の総合病院に勤務する医療関係者が、匿名を条件に語ってくれた。

あるとき、別の医療機関から相談の電話が入ったという。内容はこういったものだ。

「日本で医療を受け続ける必要があるという書類にサインをしてほしいと言われた。サインをしても大丈夫だろうか」

これは、短期滞在ビザを長期のビザに変更する際に法務省に提出する診断書の1つである。母国に帰れば治療の選択肢があるものの、どうしても日本で医療を継続したいので、協力してほしいという依頼だそうだ。例えば、長期ビザへの切り替えを希望する外国人患者の住んでいる地域の医療機関で人工透析を受けたいから、継続治療を受けることができるように書類を書いてくれと言われた場合だ。医師は、事実と異なる書類作成はできないと断ることができる一方、謝礼を受け取ってサインすることも可能だ。おかしいと思う医師もいれば、患者のためになるのだからサインしてあげようと思う医師もいるだろう。この辺があいまいなのである。

患者紹介ビジネスも、新手のグレーゾーンビジネスだ。

例えば、日本の有名医療機関を受診したい外国人患者がいるとする。海外からの紹介患者の場合、直接受け入れてもらえないケースが少なくなく、日本の医療機関の紹介状が必要となる。来日してから診察を受けて紹介状を書いてもらうのではなく、最近は、海外にいたまま、電子メールや電話で依頼主の希望通りに受診できるように紹介状を作成するビジネスがあるのだという。患者に直接会ってもいないし、診察もしていないのに、書類を作成するのである。

病状に関する少なく、あいまいな情報を元に作成された書類をつくってもらった患者は、数万円から十数万円を支払う。紹介状を手にした外国人患者は当然診てもらえるものだと信じ、紹介先の医療機関を訪れるのだが、そうは問屋が卸さずにトラブルとなる。

大手の医療機関は、初診患者の受け入れ条件、受付時間などのルールに厳格で、いきなり訪れて何とかなるものでないことは、日本人なら大抵の人は知っている。これは国籍とは関係ない。通訳の準備など、事前に調整しなくてはいけないような状況なら、なおさらのことだ。

一方の患者は、高額の紹介手数料を払っており、納得がいかない。診療拒否であり、医師法で定められた「応召義務」違反だと騒ぎ立てることもある。応召義務とは、医師法において、医師の職にある者が診療行為を求められたときに、正当な理由が無い限りこれを拒んではならない――とする義務のことだ。

ＮＰＯ法人の紹介で、中国で腎移植手術を受けた患者が帰国後、継続治療のため浜松医科大学医学部付属病院を受診しようとして断られたのは、医師法（応召義務）違反であるとして、同大側に対し約２７０万円の損害賠償請求訴訟を求めたケースがある。

一審の静岡地裁は、浜松医大が患者に対し血液検査や尿検査をしている上、手術後の継続治療は、浜松医大以外の病院で行うことができない高度な治療ではないと判断し、原告の請求を棄却した。浜松医大は、中国において臓器売買（臓器ブローカー）の絡むような腎移植をした者に対しては、診察・診療を行わないとする部内規定を作成していた。二審の東京高裁も２０１９年5月、一審の静岡地裁の判決を支持する決定を下した。

さて、これまでは患者側の問題点を見てきたが、日本の行政サイドの混乱による不正給付事案も発覚した。２０１５年5月、広島入国管理局からの照会で判明したもので、広島市が18年5月になって公表した。

12年に住民基本台帳法が改正されたことは、さきに述べた。在留資格が医療目的の特定活動である外国人も、３カ月を超えて在留し住所を有すれば、住民票が作成される。医療目的の特定活動目的で来日した外国人は、同法が改正されても国保には加入できない。にもかかわらず、全ての人が国保に加入できると勘違いし、加入を認めてしまったのだ。

間違って保険を給付した内容は、ウクライナ人２人、ロシア人３人、中国人２人。最も多い給付額は、12年7月から15年1月までに給付した中国人の611万円だ。

窓口職員の知識不足が原因で、広島市は適正な事務処理の徹底とミス防止のため、事務手引き書を分かりやすく改訂し、外国人に関わる国保の適用範囲など適用判定のフローチャートを作成するなどして、職員教育の徹底を図っているという。

2019年4月には、外国人労働者の受け入れ拡大を図る改正入管法が施行された。政府は今後5年間で34万人を受け入れるというが、外国人労働者らが5年の期限で母国に必ず帰るという保証はどこにもない。

むしろ、際限なく増えていくことが予想される。5年もいれば、日本の生活環境にも慣れ、何より言葉の上達が予想される。単純労働ならなおさら、仕事も覚えるだろう。そうなれば、低賃金でも従順でまじめな外国人労働者を、雇用主が無条件で手放すとは思えないからだ。

こういった人たちが母国に残してきた家族や親戚が来日する際の問題もある。2020年には東京オリンピック・パラリンピックがあり、数多くの外国人観光客の来日が予想される。日本政府は、この年の年間観光客数4千万人という目標を掲げている。不正防止だけではない。来日中、不慮の事故や急病で診察や治療が必要となる外国人はあとをたたないだろう。彼らを余裕を持って受け入れるだけの態勢を医療現場がしっかり持てるよう、厚労省はじめ、日本政府には十分な態勢づくりが急がれる。

第五章　日本を席巻する「バイオテロ」

豚コレラ、ついに関東上陸！

豚コレラ（CSF）は、2018年9月に岐阜県で発生してから1年後には埼玉県に感染拡大し、とうとう関東への侵入を許してしまった。関東は群馬、栃木、茨城、千葉の4県で、飼育豚が本州全体の4割を超える一大生産地だ。

豚コレラに感染した豚肉を食べても人体に影響はない。だが、養豚農家がこうむる損害や、防疫にかかる物的・時間的・財政的な影響は計り知れない。現在、国や各自治体が防疫対策に奔走しているが、残念なことに、ウイルスに感染した野生のイノシシが東上を続け、ウイルスを拡散させ続けている。捕獲できたサンプル調査だけでも、200頭を超えるイノシシが豚コレラの陽性であることが判明した。さらに全国規模の拡大を許してしまうのかどうか、時間との戦いが続いている。

　現場ではいったい何が起きていたのか。二次感染の恐れがあるため、豚コレラが発生した養豚場などへの立ち入りは厳禁だ。しかし、感染媒体となった疑いが濃厚の野生イノシシの実態については、現場を見ておく必要がある。そう思い立ち、現地を訪れた。

　抜けるような青さの好天に恵まれた2019年3月9日土曜の早朝、豚コレラが発生した岐阜市の現場を訪ねた。市中心部のＪＲ岐阜駅から車で15分ほど走ったところに、百々ケ峰《とどがみね》という標高４１７・９メートルの山がある。鵜飼いで有名な長良川の北側に位置し、対岸には、山頂に岐阜城を抱く金華山を望む。

　山道の途中、石灰《せっかい》が敷きつめられた場所に出る。散策する登山者が、豚コレラを靴につけて拡散させないための消毒剤だ。筆者も、行きと帰りに入念に靴底に石灰を付ける。感染源を取材し、ともに対策を講じようとする者が、ウイルスを拡散したのでは元も子もないからだ。専門家の指導を受けながら、念には念を入れての取材を続けた。

岐阜県が貼り出した注意書き。石灰による消毒を呼びかけている＝2019.3.9、岐阜市の山中にて

　足場の悪い山道に分け入って10分ほど経っただろうか。道案内役の専門家が立ち止まって言った。「佐々木さん（筆者）、分かりますか？」登ってきた山道とほぼ直角に交わる方向に、小道のようなものが出来て

いるのが分かった。獣道《けものみち》だ。猟師言葉で言う踏道《ふんどう》である。山で道に迷う人の中には、この踏道を下山への道と勘違いする人が少なくないという。

その反対側の踏道を分け入ってしばらく歩くと、イノシシたちが泥浴びをするヌタ場に出くわした。夜行性のイノシシが深夜、集団でこのヌタ場にやってきて親族会議をやっている姿が目に浮かぶ。数々の足跡とともにギョッとしたのが、体長がゆうに1メートル以上はあろうかというイノシシの鋳型をした水たまりだ。バスタブに似たその水たまりの底には泥水がたまり、土手状の側面にはイノシシがこすりつけたとみられる体毛の跡がくっきり見えた。

ヌタ場の周囲に自生する草木の幹には、白く渇いた泥の跡があり、泥水を浴びたイノシシが体をこすりつけたのがよく分かる。

ひと口に「罠を仕掛けて捕獲する」といっても、それを殺処分し、人里まで運ぶのは並大抵ではない。銃で追いかけ回すのは危険が伴うため、現在は檻《おり》で捕獲し、暴れるイノシシの眉間を銃で撃つ。血がしたたるため、それがこぼれないよう運ぶのだが、何しろ重い。猟師は、捕獲したイノシシの運搬が少しでも楽になるよう、罠はなるべく山の低い部分に仕掛けていくのだという。

想起するのは、宮崎駿《はやお》監督の映画「もののけ姫」に出てくる巨大な猪神「乙事主《おっことぬし》」だ。怒ったときの姿が、豚コレラを発症したイノシシにダブって見える。

地元関係者によると、飼育豚と違って豚コレラにかかったイノシシは、すぐに分かるという。

感染イノシシは、濃い茶色の体毛が灰色になって抜けていくからだ。その、感染した野生イノシシが昨年9月に死んだ状態で見つかった第一発見現場を訪れた。岐阜市打越の用水路だ。田と住宅が混在する。人とイノシシの接触が容易であることが分かる。

次に、昨年9月9日、豚コレラが初めて確認された養豚場へ車で向かう。豚舎外の敷地内には、殺処分をした豚を土中に埋めたのだろうか、青色のシートが被せられていた。二次感染しないよう、車内から遠目で確認した。

続いて、11月16日、2例目となる飼育豚の感染が確認された岐阜市畜産センター公園に車で向かった。出入り口には消毒用の石灰が撒かれていた。ここは、東海自然歩道が唯一ヘアピンカーブとなっている場所で、「イノシシ以外に、人間による感染も疑われる場所」(地元関係者)だという。

イノシシのヌタ場。奥の2カ所には泥浴び用の水たまり、手前の木には体をこすりつけた白い跡が残る＝2019.3.9、岐阜市の山中にて

岐阜県では、国と地元猟友会、獣医学者などが日夜、休日返上で緊密に連携し、県内の発生に抑えていた。だが、隣県の愛知県は、「県知事選で、気もそぞろだったのではないか。何をやるにも腰が重くて、事態の深刻さが分かっていないようだった」(別の関係者)という通り、今年になって、豊田市から他府県に感染を拡大させてしまったのだ。

別の岐阜県関係者は「人災だよ、人災。出荷した豚を長野県内に運ぶトラックの運転手は携帯電話を持っていた。感染が分かった段階で電話して輸送を止めることだって可能だった」と憤慨しながら語る。

長野県の阿部守一《しゅいち》知事が、「なぜ出荷を抑制する措置がとられなかったのか確認しなければならない」と愛知県の対応を批判したのは、当然と言えば当然だ。これに対し、愛知県は、「県の過失を問う報道をした産経新聞など複数のメディアに抗議文を送ったと聞いている」（農水省関係者）という。

実際、産経新聞は2月15日付の「主張」で、「大村知事は猛省を」との見出しで、組織防衛に走れば、事態収拾に汗を流す関係者をも裏切ることになると警鐘を鳴らした。この記事を見た岐阜県の専門家は「産経さん、ありがとう。この通りだよ」と言ってくれた。

一方、豚コレラが発生した養豚場では、災害出動した自衛隊員が、獣医師が殺処分しやすいよう、豚舎内を逃げ回る豚を追い回して押さえつける。わが身に起こる惨劇を察知した豚は、甲高い悲鳴を上げる。それを獣医師が薬品注射や電気ショック、ガスなどで殺処分する。阿鼻叫喚の地獄絵図である。死んだ豚は自衛官が運搬し、土中に埋却する。隊員が受けた心的ストレスの緩和ケアも、部隊幹部の重要な任務となっている。

獣医師の経験不足もあるだろう。初診を熱射病と誤診するケースが相次いだ。26年前に防疫し、撲滅した経験やノウハウが、関係者の間でどこまできちんと共有されていたのか、はなはだ怪しい。豚コレラの初期症状は、熱射病や風邪などと判別しにくい。だが、発症してしばらく経つと体毛が灰色になって抜け落ち、目ヤニやよだれを垂れ流すから判別しやすくなる。

決定的だった遺伝子「2・1型」

岐阜市に入る前日、大津市に寄り、豚コレラの第一人者で、初めて生ワクチンを開発した北海道大学名誉教授の清水悠紀臣氏（88歳）に会ってインタビューした。

清水氏によると、豚コレラウイルスの型には、大きく分けて4型ある。①遺伝子型、②血清型、③病原型、④生物型だ。豚コレラの感染源を探る上で、特に重要となるのが、遺伝子型だ。これには、1～3型があり、さらに1型の1（1・1）、1型の2（1・2）、1型の3（1・3）、1型の4（1・4）――など計12型に分かれる。

豚コレラの第一人者、北海道大学名誉教授の清水悠紀臣氏＝2019.3.8、滋賀県大津市

今回、日本で見つかった遺伝子型は、2015年に中国、15年にモンゴルで見つかったのと同じ、2・1型だ。

この動かぬ事実から、清水氏はあるシナリオに基づいて防疫対策を講じるべきだと主張する。それは、「中国人が中国本土から豚コレラウイルスを含んだハムやソーセージ、ギョウザを持ち込み、食べ残しを捨てる。その

199　第五章　日本を席巻する「バイオテロ」

残飯をイノシシが食べて感染し、養豚場の水飲み場や施設内に侵入して飼育豚にうつす」というストーリーだ。

侵入リスクで一番高いのが食品残渣、つまり、残飯だ。加熱処理が不十分だったり、豚コレラに汚染された国から旅行者が違法に持ち込むほか、郵送や密輸もある。実際、豚コレラが発生した養豚場近くには、バーベキューができる場所がある。ここで、縫製工場などで働いていると見られる中国人らが、仲間と団らんする姿が目撃されている。

ウイルスの抵抗性でみると、冷蔵のハムやソーセージで2〜3カ月、ベーコンでも25日は生き延びるというから厄介だ。

それを拡大するのがイノシシなのだ。養豚場自体は配合飼料を給餌しており、食品残渣による感染のリスクはない。イノシシに次いで感染リスクが高いのが、車両や人だ。愛知県豊田市で発生したケースについて、農水省は、消毒が不十分な飼料会社の車両が運んだ疑いがなかったかどうかを調べている。

オランダでは、1997（平成9）〜98（平成10）年に、中国製の豚肉から豚コレラが発生した。岐阜県で確認されたのと同じ遺伝子型の2・1型だ。ドイツ国内にある北大西洋条約機構（NATO）軍の敷地内に、豚コレラに感染した中国製の豚肉が搬入され、それが車両についたままオランダに持ち込まれたことが分かっている。

これは、清水氏の元上司で、EUの豚コレラ事情に詳しい元農水省畜産局衛生課・家畜衛生

200

試験場（現在の動物衛生研究所）所長の熊谷哲夫氏が丹念に調べ上げた。

オランダで発生した豚コレラは、国土の狭さと養豚場の密度の高さから、瞬く間に全土に広がった。殺処分した飼育豚は、オランダ養豚業を根底からたたきのめす、1200万頭という壊滅的な数にのぼった。損害額は当時の価格で2500億円にのぼる。ここまで来れば、被害を受けた側から見れば、立派な「バイオテロ」である。わが国でも、これから起こりうる被害、今までの被害額が、国家予算で対応するレベルの巨額になることが容易に想像できる。

中国人が持ち込む〝生物兵器〟

目に見えぬモノの侵入ほど、厄介で恐ろしいものはない。その一つが豚コレラだ。家畜をむしばむ感染症である。海外から侵入した、目に見えぬ敵だ。それが、中国大陸からやってきた蓋然性が限りなく高いことが、遺伝子検査で分かってきたのである。単に「迷惑な隣人」などと言って、眉間に皺を寄せるレベルでは済まされない。何しろ、豚コレラを撒《ま》き散らした中国からの来訪者の中には、日本居住者が少なくないと見られているのだ。

岐阜県内で発生した豚コレラの遺伝子型が、中国東北部で確認されたのと同じ型だった。100％の確証はないものの、豚コレラを持ち込んだのが中国大陸と日本を行き来する中国人であるという可能性が、「科学的にも情況証拠的にも極めて濃厚だ」（専門家）というのにもかかわらず、対策が後手に回っているのである。

日本政府が、豚コレラウイルスが検出された豚肉製品を持ち込もうとした外国人旅客の国籍を積極的に明らかにしようとしないのも、対策が後手に回る原因となっている。具体例で言えば、中国人らに注意喚起をするピンポイントの啓発活動を十分に行えないでいる。

日本政府はいったい、何に遠慮しているというのか。持ち込んだ旅行者が中国人だと公表すれば、豚コレラ蔓延の原因が一義的に彼らにあると日本人が知るところとなり、対中感情は悪化するだろう。それを恐れているようでもある。安倍晋三首相は最近、「(中国との関係について)完全に正常な軌道に戻った」と語る。そこに、過剰な対中配慮はないのか。豚コレラがきっかけで、習近平国家主席の来日にケチがついては、東アジアの安定など、成るものも成らなくなるとの警戒が働いているようでもある。

しかし、豚コレラだけでなく、より致死性の高いアフリカ豚コレラ(AFS)が日本で蔓延する危険性もある。日本の政治と行政は、2国間の大局を論じる以前に、自国民を守る、目の前の危険除去に全力を挙げるべきなのだ。

さて、法務省入国管理局によると、2018年6月の時点で、岐阜県の在日中国人の数は1万1458人。都道府県・市区町村ランキングサイト「日本☆地域番付」では、東京都に次いで岐阜県が2番目に多い。

岐阜県内の中国人は、県内で盛んな縫製業の下請け工場で働いているケースが少なくないと見られる。全国的に見ても岐阜県の中国人の在住密度が高いことは確かだ。この事実は、地元でも以外と知られていない。

この中国人らが故郷の中国大陸を往復する際、ハムやソーセージ、半生の具が入った手づくり餃子を日本に持ち込んでいるのだ。春節での往来もたくさんあったから、これまで以上に豚コレラウイルスが付着した肉類が日本に持ち込まれた可能性がある。

豚コレラよりも致死性の高いアフリカ豚コレラ（ＡＦＳ）だけでも、昨年10月以降、空港で10品が確認されている。そのうち2月に発覚したのは、北京から成田空港に到着した旅客が持ち込んだ豚肉の薫製と、青島《チンタオ》から福岡空港に着いた旅客のソーセージだ。

どこの国の人間が持ち込んだのかを明らかにしない農水省も、在京中国大使館に情報提供しつつ、科学的見地からくる蓋然性の高さから、来日する中国人らが豚肉製品を安易に持ち込まないよう、注意喚起している。

実際、感染拡大した豚コレラは、中国で発生したのと同じ遺伝子型なのだ。詳細は後述するが、まさか意図的ではあるまい。しかし、彼らが原因だとすれば、被害を受けた養豚農家にとって、いま起きている豚コレラ禍の災厄は、それが無差別に損害を与えているという事実から、結果として中国人による「バイオテロ」と言いきっても過言ではなかろう。

ご冗談を――と言われるかもしれないが、本気でわが国を機能不全に陥らせ、恐怖のどん底に陥れる意図があるならば、ミサイルや大砲を撃ち込む必要はない。ウイルスなどの生物兵器を使えば、あっという間に狭い島国を制圧できることを、豚コレラは教えてくれているのである。

ＢＣ（バイオ・ケミカル）兵器と呼ばれる生物・化学兵器が、核とともに大量破壊兵器と位置づけられるゆえんだ。豚コレラに感染したイノシシが野山を走り回り、飼育豚のいる豚舎周辺をうろつく姿は、まさに、制御不能の動物兵器なのである。

岐阜県や愛知県は３月下旬から、アーモンドなどでコーティングした餌ワクチンを土中に埋める作業を開始する。試行錯誤しながらの手作業は、想像を超える困難を伴う。

亥年の今年、人間に追われるイノシシにとっては災難でしかないが、１頭でも多くのイノシシがこうした餌ワクチンを摂取し、豚コレラの撲滅につながることを願うばかりだ。

モラルの低い中国人のせいで、わが国の養豚農家が壊滅的な打撃を受けるのを見るのは忍びない。来日する中国人に言いたい。豚肉は、日本で買って食べてくれ。

ウイルスの一帯一路

日本を襲った豚コレラ以上に厄介な家畜伝染病、アフリカ豚コレラ（ＡＳＦ）の勢いが止まらない。日本、東南アジア、中央アジアへと広がる様は、まさに「ＡＳＦの一帯一路」である。

ご存じのように一帯一路は、中国が発展途上の国々を債務付けにし、借金のカタに重要な港湾や空港施設などを奪う新手の征服戦略だ。

204

もちろん、中国当局が意図してASFに感染した豚肉製品を旅行者に持たせ、日本や台湾などにウイルスを撒き散らしているわけではなかろう。少なくとも、成田空港の農水省動物検疫所における中国人旅行客をつぶさに観察していると、その蓋然性は低いと思われる。本気でそんなことをしたら、それこそバイオテロ攻撃であり、目に見えぬ戦争の勃発である。

そこまでいかなくても、ASFの一帯一路構想は、冗談とは言えない重要な事実を物語る。

国家としての意思はなくとも、結果的にバイオテロを仕掛けているのも同然だからだ。

つまり、中国の習近平政権が掲げる一帯一路構想に署名した国を中心に、札束を持った中国人が加熱不十分な豚肉製品を携帯して、世界各地を訪れている可能性があるのだ。

「ASFの一帯一路」の名づけ親である、栃木県鹿沼市の「なんま動物病院」院長・小野嘉隆博士は、こう警鐘を鳴らす。

「中国からの直行便が各国に飛び、航空機の機内食にASF感染豚を用いて製造したハムやベーコンが提供される可能性がある。特に感染豚の筋肉内には大量のASFウイルスが含まれ、しかも抵抗性が強く、豚肉加工品にウイルスが残存することがある。機内の食べ残しが着陸した国の豚の餌として給餌されることで、ASFが世界中に伝播される可能性が高い。わが国と違って、残飯を豚の餌として給餌している東南アジア諸国にばら撒かれたら、とてつもない大惨事になる」

実際、ベトナム、ラオス、カンボジアに拡大中であり、日本でも先日、感染力のある生きたASFウイルスが検出された。中国移民が爆発的に増えて社会問題化しているオーストラリアは、世界有数の畜産国だ。それだけに、中国からの口蹄疫など家畜伝染病の侵入を恐れ、豚コレラやＡＳＦの侵入についても、特に神経を尖らせている。空港で豚肉製品の所持が発覚した場合は、すぐに没収し、焼却処分する。さらに、所有者には高額の罰金を科している。

ＡＳＦ（アフリカ豚コレラ）は、呼称は似ているが、豚コレラと違ってワクチンがなく、感染力が強く、致死率も高い。伝播速度も非常に速い。空港で検出されたＡＳＦウイルスが氷山の一角だとすれば、すでに国内に大量に侵入していると見た方が良い。何しろワクチンがない上、効果的な事前の防疫対策もない。日本の養豚農家は、いつ発生するか分からないＡＳＦ発生の恐怖に、ビクビクしていなければならないのが現状である。

いずれにせよ、意図しようがしまいが、主に中国大陸から来た中国人らが隣国に多大な迷惑をかけている事実は変わらない。

それは、中国で起きているパンデミック（爆発的感染拡大）が、こうして周辺各国に広がっている事実を見るまでもない。軍事・経済・ＩＴ分野にとどまらず、農畜産業の分野でも他国に脅威や迷惑をかける今の中国は、図体がデカイだけの厄介な隣人としか言いようがない。

豚コレラやＡＳＦにかかって死んだ飼育豚や、感染防止のため元気な飼育豚の殺処分に困った中国の養豚業者が、河川に病死した豚の死骸を捨てるのも面倒臭いとばかり、食肉として中国市場に出荷しているというのは、公然の事実だ。実際、２００６年12月に北京市郊外や天津市で豚コレラが発生した際、養豚業者が病死豚を極めて低価格で販売業者に売り、販売業者は事情を知らない他県に売りさばいたという事実が、中国地方当局の調べで判明している。

最近では今年2月、中国河南省の食品メーカーが販売する豚肉入り冷凍水餃子からＡＳＦのウイルスが検出されたほか、他の大手食品メーカー十数社の冷凍食品からもウイルスが検出されている。これらの食品メーカーだけでも中国市場シェアの5割を占めており、ウイルスの拡大は、山東省、安徽省、河南省、上海市と、各地に広がりを見せている。

だが、中国当局の、特に幹部らにとって、これら〝不都合な真実〟は、失脚させられる大きな理由になる。このため、事態を隠蔽するケースが往々にしてあり、実態はなかなか表面に出て来ないから厄介なのだ。

ＡＳＦの特徴は、感染してすぐに死ぬのではなく、潜伏期間が5～9日間ある点だ。病死豚を密《ひそ》かに販売業者に売りさばく養豚業者は論外だが、大手食品メーカーも、気づかぬうちに感染豚を仕入れている可能性がある。

やはり問題なのは、中国当局の姿勢である。中国系メディアによると、豚が死に、問題が発生してから、隠しきれなくなったときに初めて、当局は感染を認めているという。そうなると、時すでに遅し。一部が中国人旅行者の持ち込むソーセージやギョウザなどの豚肉製品となって、日本に侵入している疑いが濃厚なのである。

ひと口に殺処分といっても、1頭でも感染が確認されれば豚舎全部を殺処分しなければ感染は食い止められないことから、殺処分する飼育豚の数は1000頭単位にのぼる。日本では、養豚業者や行政職員だけでは人が足らず、前述のように陸上自衛隊が県知事の要請を受けて災害出動しているほどだ。その数、5〜6万頭にのぼる。

日本の防疫態勢は大丈夫なのか

日本では、昨年10月に北京発・新千歳空港着の旅客機に乗った中国人が所持していたソーセージからＡＳＦウイルス遺伝子の陽性反応が出たのを皮切りに、今年4月19日に上海発・那覇着の搭乗客が所持していたジャーキーまで、計30例で陽性反応が出ている。このうち、1月12日、4例目と5例目の、上海と青島を出発した航空機で中部空港に持ち込まれたソーセージから、感染力のある生きたウイルスが確認されたことが、4月になって判明した。

陽性反応が出てから生きたウイルスが検出されるまでに時間がかかったのは、分離して培養しなければならないからだ。10月15日時点で陽性反応が75件出ていることを考えれば、他の豚肉製品でも、感染力のあるＡＳＦが隠れたまま日本国内に侵入している可能性が高い。

豚コレラはすでに、岐阜や愛知両県を中心に、関東地方にまで感染拡大中だ。ただでさえ防疫に手こずっている豚コレラに加え、ＡＳＦまで侵入したとなれば、防疫対策は目がくらむほどの困難さと時間が伴う。忘れたころに感染が発覚しては、大量の飼育豚の殺処分を繰り返すということになれば、わが国の養豚業は壊滅的な打撃を受ける。人体への影響がないのをいいことに無関心でいれば、それだけ危機的状況は増すばかりなのだ。

豚コレラの場合、ワクチンがあって、過去にもその投与によって撲滅した経験がわが国にはある。ただ、ひとたびワクチンを使用すれば、OIE（国際獣疫事務局）が認定する豚コレラの清浄国からはずされ、復帰するのに何年もかかる。このため、政府は飼育豚にワクチンを使用することに慎重姿勢を貫いてきた。

また、今年2月に発効した欧州連合（EU）との経済連携協定（EPA）を機に、豚肉など関連品の輸出拡大を目指しており、「まずは、養豚施設で国の定めた飼養衛生管理基準を徹底するなど、初期段階の封じ込めに全力を挙げたい」（農水省）としてきた。

だが、今年9月に埼玉県への豚コレラ侵入が確認されたことから、発生から1年経ってようやく、ワクチン使用に方針を大転換した。

豚コレラやASFに関して、どこまでも他人ごとでしかないわが国の世論に比べ、中国でのパンデミックは、国際社会でもにわかに関心を高めている。世界最大の養豚大国である中国では、ASFにより、飼育総数の3割に相当する1億3000万頭が減少する見通しだ。

英フィナンシャル・タイムズ紙は「中国で猛威のアフリカ豚コレラ、世界の食品市場揺るがす」と題し、「世界中での食肉相場の高騰を引き起こし、たんぱく質市場を大きく変えるインパクトを持っている。世界最大の豚肉の消費・生産大国である中国は今後数年に及ぶ食品供給の不足と混乱に身構える」（日本経済新聞2019年4月23日付 電子版）と伝えている。

こうした中、遅ればせながら、日本政府も本腰を入れて防疫対策に乗り出している。

筆者は、わが国の水際対策がどうなっているのかを調べるため、2019年3月22日、成田空港の動物検疫所を訪ねた。春節が終わり、中国大陸との往来も落ち着いてきたとはいえ、多くの中国人客が大きな荷物をカート（台車）に乗せて、せわしなく行き交っていた。

取材に協力してくれる農水省動物検疫所の係官の指示通り、都心から特急電車で約50分の郊外にある、成田空港第1ターミナル中央ビル2階を目指す。一般の利用者が使用できない場所にあるため、目につきにくい。少し迷った後、立ち入り禁止のマークが鉄の扉に書かれた関係者専用の出入り口にたどり着いた。

豚コレラやASFに関する防疫状況についての説明を受けた後、検疫現場に連れて行ってもらう。国際便で海外から帰国した場合に入国管理局のカウンターから税関を通り抜ける、その逆のコースをたどり、裏口からいきなり到着便の荷物受け取り所に出た。

係官によると、成田空港に配置された肉製品の探知犬は、全部で7頭。数が限られているため、ピンポイントで中国大陸から到着する便に重点的に配置しているという。わが国の当局もなかなかやるではないか。

仮に、中国を刺激しないというのが理由で積極的に公表しないなら感心しないが、豚コレラやASFが中国大陸から来るのがほとんどであることを十分に理解した上で、最も効率の良い方法で防疫に当たっていたのである。

それでも探知犬は十分ではない。現在、中国からの乗客が多い成田空港など7カ所に、検疫探知犬33頭が配置されている。中国からの直行便が着く空港は全国23カ所で、ベトナムは4カ所だ。取材後、農水省は探知犬をさらに7頭増やし、計40頭で全国の空港や港湾に配置することを決めている。

検疫の最前線で戦うビーグル犬

3月22日正午、中国東北部の都市から到着した便名が表示された荷物受け取り所に来た。すでに大勢の中国人と見られる利用客が荷物受け取り所に群がり、大小数多くの荷物をカートに乗せて動き回っている。壁際には、ハンドラーと呼ばれる女性係官とビーグル犬が待機し、中国人らが荷物をピックアップするのをジッと見ている。かたわらには、大柄な中国人通訳の女性が付き添っていた。

嗅覚で言えば、何といっても警察犬に採用されているシェパードなのだろうが、それだと旅行者に威圧感を与えてしまう。というわけで、見た目も可愛いビーグル犬が、探知犬として水際での防疫を一身に背負っている。

中国人旅客がベルトコンベアーから大きな荷物をピックアップし、カートに乗せ終わるやいなや、検疫官のハンドラーがビーグル犬を促して通訳の中国系の女性とともにカートの荷物に殺到する。驚いた旅客はビーグル犬を見て一瞬驚いた表情を見せるが、その愛くるしい姿に、探知犬のなすままだ。

探知犬は、怪しいと見ると、大きなスーツケースに前足をかけたり、時には荷物によじ登って容赦なく荷物内の肉製品を嗅ぎ分けるから、なかなかの仕事師ぶりだ。ちなみに筆者も、中国人旅客から押収した袋詰めされたジャーキーのような豚肉製品を手にとって嗅いでみた。香辛料がふんだんに使われているせいか、花粉症で麻痺しているはずの筆者の鼻孔にも、しっかり突き刺さる匂いを放っていた。冗談で、筆者も探知犬のように検疫所で働くことが出来るかどうかを係官に尋ねたら、「スーツケースの外から嗅ぎ分けられたら雇用しても良いですよ」と言われたのには苦笑した。

成田空港で活躍する、農林水産省の検疫探知犬と女性ハンドラー
＝2019.3.22、千葉県成田市

肉製品、特に中国人の好きな豚肉製品の所在を確信すると、探知犬はハンドラーの横にぴたりと座り、アイコンタクトをとる。検疫官と同じオレンジ色をしたベストを着用しているのも可愛らしい。ベストには、黒字で農水省動物検疫所とあった。

それにしても、一人の旅客が大きな荷物を何個もカートに乗せる様は、短期の観光旅行客には見えない。どう見ても中長期の滞在を想定して来日しているとしか思えない。中国東北地方の人は体が大きくガッチリしているとは聞いていたが、実際、多くの男性客は服の上からも分かるほどの筋骨隆々で、鋭い目つきをしていた。日本での単純労働を認めた改正入管法が4月に施行される前だから、いったい彼らはどういった目的で来ているのか不思議だった。今回は彼らの来日目的を聞くのが取材の主旨ではなく、あくまで探知犬の働きぶりと防疫の実態を取材するのが目的だったため、理由は聞かなかった。

さて、1時間ほど観察していたが、探知犬が座る回数の多いこと多いこと。5〜6分に1回はお座りし、豚肉製品を嗅ぎ分けたことをハンドラーである検疫官にアピールしている。探知犬に見つけられた旅客は、ベルトコンベヤー近くのカウンターで鞄や旅行用スーツケースを任意で開ける。すると、まず100％の確率で豚肉製品が出てくるから、訓練された犬の嗅覚はたいしたものだ。ちなみに、成田空港のビーグル犬は、オーストラリアや米国生まれの「外人部隊」である。

豚肉製品を持ち込んだ人に対し、防疫官は家畜伝染病予防法で、肉類の持ち込みが禁止されていること、違反した場合は100万円以下の罰金か3年以下の懲役となることを説明して、任意で没収するのだが、中には逆ギレする中国人客もいるというから厄介だ。

現在は中国の出入国管理当局の協力も得て、日本国内への肉類の持ち込みが禁止されていることが、以前に比べて中国人にも周知されるようになってきた。だが、個人消費を理由に、違法を知りながら持ち込む人が相変わらず多く、半数以上にのぼるという。

ここに統計がある。農水省の発表を元に筆者がまとめたものだ。嘘でも誇張でもなんでもない。ＡＳＦも豚コレラも、ともに中国人がわが国に持ち込んでいることを如実に示す情況証拠が、ここにある。

本項を書いている２０１９年９月20日の時点で、ＡＳＦウイルス陽性反応が出た71例を空港別で見てみると、豚コレラが蔓延した愛知県にある中部空港が13例、成田空港12例、札幌市郊外の新千歳11例、などとなっている。前出の小野博士の調べと照らし合わせると、中国人比率の高い空港は、中部、成田、羽田と、上位２つはものの見事に一致する。

日本政府は４月22日から、防疫策の厳格な運用を始めた。違法な持ち込みをした者全員に警告書を出し、再犯防止のため、法律と罰則を明記した誓約書に署名を求めている。その際、パスポート番号など違反者の情報を控えて、データベース化も始めた。再犯や転売目的など悪質性が高い場合は、警察に通報するか告発する方針だ。

成田空港における持ち物検査の様子
＝ 2019.3.22、千葉県成田市

海外から日本に手荷物で持ち込まれた違法な畜産物は、昨年、約９万４０００件にのぼった。このうち中国からの持ち込みは約４万２０００件と、全体の約45％にものぼっているのである。

参考にしたいのが、水際対策に力を入れている台湾のケースだ。最高３００万円相当の罰金を科し、悪質な者の入国を拒否している。わが国の場合、100万円以下の罰金か3年以下の懲役だが、従来は、持ち込んだ豚製品を任意で放棄すれば口頭注意で放免してきた。

豚コレラ続発で防疫に追われている上、ASF発生はいつ起きてもおかしくない。政府には、法の厳格な運用を徹底してほしい。

軍も研究したバイオ兵器

本稿の冒頭、豚コレラやASFウイルスを撒き散らす中国は、バイオテロを仕掛けているのも同然だと書いた。だが、これが絵空事でないことは、戦前の日本や米国も、バイオテロ攻撃の材料としてASFや豚コレラウイルスを研究していた事実からも推察できよう。こうした事実は、ほとんど知られていない。

『動物伝染病の出現（原題 Emerging Diseases of Animals）』(Corrie Brown, Carole Bolin, ASM Press, 2000) によると、バイオテロとしてASFウイルスや豚コレラウイルスを研究するのは、相手国に与える経済的ダメージが大きいからだという。

第二次世界大戦後と冷戦期間中、米軍は牛や豚などの家畜伝染病ウイルスや鳥インフルエンザなどの実地研究を行っていた。1951（昭和26）年には豚コレラウイルスが、E73生物爆弾などとして実用化された。この実験用爆弾は、メキシコ湾に面したフロリダ州エグリン空軍基地内の実験用豚舎に投下され、「115頭の豚のうち93頭を豚コレラに感染させる成功を収めている」という（国防総省特別報告、1952年）。

敵の基地や都市を叩く直接的な攻撃ではなく、家畜という搦め手から狙うのは、軍事面だけではなく、経済的なダメージという多方面から、直接、間接的に敵を屈服させる効果が期待できるからだ。

前出『動物伝染病の出現』によれば、ひとたび飼育豚が感染すれば、飼育豚の感染有無を調べる診断や調査、消毒や隔離などの措置、殺処分、輸出禁止などによる経済的損失は、計り知れない額となる。1994年に公表された研究資料では、米国でASFが発生した場合、向こう10年間で最大54億ドル（約5900億円）の損害にのぼると試算した。四半世紀後の現在に換算すると、損害はさらに3〜5倍となり、最大2兆9500億円相当にのぼると見られる。

日本でも戦前、豚コレラをバイオテロに使うための研究が行われていた。『陸軍登戸研究所と謀略戦　科学者たちの戦争』（渡辺賢二著、吉川弘文館）によると、隠しカメラや盗聴器などのスパイグッズの開発と並び、動物兵器を研究する部署が、旧日本陸軍登戸研究所にはあった。ここでは、牛疫と豚コレラの研究が行われていた。

農水省によると、牛疫は、牛疫ウイルスが牛や山羊に感染する伝染病で、高い致死率を示す。18世紀の北西ヨーロッパでは、牛疫によって約2億頭の牛が死亡した。近年の発生地帯は、東アフリカ、イエメンと西アジアだ。

歴史的にはヨーロッパで最も恐れられた牛の伝染病である。

感染牛の排泄物の飛沫などに直接接触することで伝播する。

日本国内における最後の発生は、1992年が最後だ。和牛は特に感受性が高いが、汚染国からの畜産物の輸入制限といった水際での輸入検疫などにより、わが国では撲滅に成功している。FAO（国連食糧農業機関）による撲滅キャンペーンの結果、2011年に世界的な撲滅が宣言された。

第六章　強奪される日本の知的財産

中国・海南島に和牛牧場

「軽率に運んでしまった。二度とやりません」

２０１９年5月30日、大阪地裁で開かれた和牛受精卵流出事件の初公判で、被告男性（51歳）はうつむいたまま、こう供述した。問われたのは、輸出時に必要な検疫を受けずに和牛の受精卵と精液を中国・上海に持ち出そうとした家畜伝染病予防法（家伝法）違反などの罪だ。50歳代の中国人男性から持ち出し依頼を受け、知人男性（64歳）に運搬を指示したとされる。牛の精液や受精卵は、家伝法による動物検疫の対象で、国外への持ち出しが禁じられている。違反すれば3年以下の懲役または１００万円以下の罰金が科される。

この事件では、和牛の受精卵と精液が入った保存用ストロー３６５本が２０１８年7月、中国・上海に持ち込まれそうになったことが発覚し、計３人が大阪府警に逮捕されている。輸出に必要な検疫を受けていなかったとして、農林水産省が大阪府警に告発した。

運搬を指示した飲食店経営の男性（51歳）と運搬した知人男性（64歳）が家畜伝染病予防法違反（輸出検査）罪などで、受精卵などを提供した畜産農家の男性（70歳）が同法違反幇助《ほうじょ》罪などで起訴され、府警は、中国・海南島の関係者が持ち出しを依頼したと見ている。

受精卵などを遺伝資源として保護するルールがない中、中国に持ち込まれる寸前で発覚した今回の事件は、氷山の一角だ。上質な牛肉の代名詞として海外でも人気の和牛は、補助金を使って改良を重ねてたどりついた、国の宝である。これが中国に流出していたのである。

農林水産省によると、いわゆる「和牛」とは、黒毛《くろげ》和種と褐毛《あかげ》和種、日本短角《たんかく》種、無角《むかく》和種の４品種かその交雑種で、国内で生まれ、飼育された牛を指す。２０１７年度の生産量は約14万５千トン。国内で生まれ育ったホルスタインなどと交配させたものは「国産牛」と呼ばれ、区別される。

朝日新聞の記者が19年初夏、和牛牧場があるとされる中国・海南島の潜入取材に成功しているので、現地に行けなかった筆者に代わって報告してもらうことにする。ちなみに筆者は、これまでの客観的な中国報道や書籍による言論活動から、訪中すればいくらでも難癖をつけて身柄拘束などの危険にさらされる可能性があるため、所属する会社の業務命令であっても、絶対に中国には行かないと決めている。

実際、北朝鮮による核・ミサイル開発や拉致問題を話し合う6カ国協議取材のため、2003（平成15）年以降、何度か北京を訪れているが、行くたびに、公安警察と見られる私服の男からあからさまな尾行をつけられて、不快な思いをしたことは2度や3度では済まない。

また、2002（平成14）年の8月と9月には、日朝赤十字会談と首脳会談取材のために北朝鮮を訪問した。9月は何も異変が起きずに済んだが、8月に訪朝した際には飲食物に毒物を仕込まれ、胃痙攣《けいれん》と腸痙攣を併発し、死ぬ思いをしたことがある。だから冗談ではなく、今後も中国、北朝鮮はもちろんのこと、敵性国家と書き続けている韓国にも、決して行かないつもりだ。

さて、話を和牛に戻す。中国南部有数のリゾート地で、「中国のハワイ」とも呼ばれる海南島。原子力潜水艦の基地もあり、絶えず公安警察の目が光っている土地であろう。そんな、九州より一回り小さな島に、和牛を提供する店があるという。

朝日新聞の記者が客として入店する。「店内はすべて個室で、他の客と顔を合わす機会は、ほぼない。しゃぶしゃぶ用の肉を頼むと、脂肪が網の目のように細かく入っている、見事な『霜降り』が運ばれてきた。肉は非常に軟らかく、舌の上ですぐにとろける。日本で流通する和牛の肉と外見や食感に変わりは感じられない。店員に調達先を尋ねると、『本社が海南島で育てた和牛の肉です』という」（朝日新聞2019年5月12日付 電子版）

店内や料理の写真撮影は「店の規定」（店員）により禁止されていた。中国ではSNSが普及しており宣伝効果も期待できるのに、撮影を認めないのは極めて異例だ。情報管理に神経質になっていることをうかがわせる。価格は100グラムで500元近く。日本円で8千円余りだ。島の飲食店スタッフの日給は一般的に100元ほどという。数口分の肉は約5日分の労働に相当する。島民の女性（31歳）は「貴族の食べ物」と評した。

海南島には、この店を経営する企業が運営する牧場もあるというから驚きだ。本項の冒頭で紹介した事件で大阪府警は、海南島関係者から受精卵の持ち出しを依頼された疑いがあると見ていた。容疑者の男の携帯電話にも記録が残っていた。記者が牧場へ足を運ぶと、「何しに来たんだ」とピリピリした様子。塀に囲まれ、中の様子を見ることはできない。立ち去ろうとすると、関係者と見られる男性が追いかけてきた。本当に立ち去るのか、確認するためだろう。

この緊張感は筆者もよく分かる。2018年夏に長崎県・対馬を訪れ、海上自衛隊防備隊本部に隣接する韓国人経営のホテル敷地内に入ったとき、顔も体も大きな韓国人から車で追いかけられたことがあるからだ。

この牧場を運営する企業は、過去に地元メディアに取り上げられていた。当時の報道によると、和牛の生産態勢の構築に17年間取り組み、和牛に音楽を聴かせたり、ビールを飲ませたりしているほか、マッサージもしているという。非常に怪しい。日本の農家がやってきたことを、そのまま横取りしている。

卵子については、牧場内の雌牛から取り出していると説明。人工授精させた後で、受精卵を乳牛や水牛などの体内に戻す形で、繁殖させているとしているが、精液の入手先については、報道には記載がない。日本についての記述は、「日本の画期的な科学技術を導入した」とあるだけだった。

読売新聞などによると、海南島には東京ドーム20個余りの広さを持つ牧場がある。経営するのは和牛の持ち出しを依頼した中国人の男だ。日本人の畜産業者は16年、知人を通じて知り合ったこの男から招待を受け、ゴルフカートで広大な敷地を案内されたという。男は2000年ごろから豪州の肉牛を輸入して繁殖と生産を手がけ、飼育頭数は約5000頭にのぼるという。生産した肉牛の一部は、「海南和牛」と名づけ、「和牛に匹敵する味」とうたって島内のレストランで提供していた。

「和牛は肉質も味も素晴らしい。ここで育て、中国に広めるのが私の野望だ」カートの隣席で男は繰り返し、おもむろに畜産業者にこう持ちかけたという。「日本から、和牛の受精卵や精液を運んでほしい」面倒に巻き込まれると感じた業者は話をそらしてその場をやり過ごし、最終的に断った。「真剣な表情で、本当に遺伝子が欲しそうだった」と業者は振り返ったという。

「和牛精液が手に入らないか？」。中国で豪州の肉牛の繁殖などを行う日本人の生産者は、中国の畜産農家から頻繁に相談をもちかけられるという。全て断っているが、「同様の依頼を受けた日本人の同業者はいくらでもいる」と明かす。中国のネットには、「純粋な和牛精液売ります」「和牛精液を買えないか？」との書き込みも溢れる。一部の業者にメールで取材を申し込むと「全部売ってしまった」と返信があったという。

食の欧米化が進む中国では、牛肉の消費量が増え、16年の輸入量は81万トンで、日本を抜き、米国に次ぐ2位となった。和牛の肉は富裕層に人気が高い。日本産牛肉は01年に日本でBSE（牛海綿状脳症）騒動が起きて以降、輸入が禁止されているが、密輸入が横行している。

遺伝資源を守るための法整備を急げ

和牛を「国の財産」と位置づける日本は、その遺伝資源の輸出を認めていない。もっとも、輸出を直接禁じる法律はなく、必要許可を出さないなど、運用上の措置に過ぎない。検疫を受けなかったことをとらえた大阪府警の捜査も、いわば苦肉の策だったのだが、検疫は輸出者に対する義務であり、この中国人の男のように、輸入を試みた側は受ける必要がない。「現状では、この男には手の出しようがない」と府警幹部は苦々しげに振り返ったという。こうした遺伝資源流出のリスクは、依然として高いままだ。

今回の事件は、中国の税関当局で発覚したが、日本側のずさんな検査体制も、こうした事態を招いたと言える。受精卵が流出して質の良い牛肉が海外で流通すれば、わが国の和牛生産農家にとって大きな打撃となる。

安易に国外に流出させないためにも、家畜人工受精所や中間取扱者、人工受精師、獣医師などの関係者全体で、和牛の精液や受精卵の流通管理と活用状況を今いちど見直す必要がある。所管の農水省には、捜査当局や税関など関係機関と連携し、検査体制の徹底強化が求められるゆえんだ。吉川貴盛農水相（当時）は、「大変遺憾なことで、農林水産省として再発防止策を講じなければいけないと思っている」と述べた。さらに、航空会社や税関に連絡するなどの対策を進めていると説明したが、当然だ。

そもそも、なぜ、出国の際に受精卵の持ち出しを見逃してしまったのか。農水省は捜査当局に丸投げするのではなく、自らもさまざまなルートを通じて受精卵の出所を突き止め、検疫体制の不備を見直さなければならない。受精卵は、ストローと呼ばれる細長い容器数百本に入れられ、液体窒素を充填した特殊容器に保管されていた。素人が見ても、中身がただものではないことは容易に推測できる。中国で中身を調べたところ、日本が輸出を禁じている対象物品であることが発覚した。

見過ごせないのは、農水省と捜査当局の後ろ向きな姿勢だ。農水省は当初、厳重注意だけで男性を解放してしまった。それを一転して刑事告発に方針を変更したことについて、農水省が「社会的影響が大きい」からと説明したのは、理解に苦しむ。それならなぜ、事案が発覚した時点で刑事告発を十分に検討しなかったのか。日本農業新聞が特ダネで報じて、隠し通せないと判断したからだろうと指摘されても、致し方あるまい。事の重大性を認識していない役所の怠慢と言わざるを得ない。

質の良い和牛は、高級ブランド品として国内外で需要が高い。法規制前に和牛の遺伝資源が国外流出した結果、オーストラリア産「ＷＡＧＹＵ」が日本の和牛と競合し、輸出にも影響が出ている。国民全体で共有しておきたいのは、和牛が、長年にわたり税金を使った補助金等で育種改良を続けてきた「国の財産」だという国民意識の醸成である。これこそが、再発を防止する一助となるであろう。

カーリング女子と盗まれたイチゴ

イチゴやブドウの高級品種も海外に流出し、日本の栽培農家にダメージを与えている。農水省は、イチゴだけでもこの５年間で最大２２０億円の経済的損失と試算している。韓国への品種流出が明らかになっているイチゴは、「とちおとめ」「レッドパール」「章姫《あきひめ》」など、国内でも人気の高いブランドだ。日本から持ち出された品種を基に新たな品種が韓国や中国で無断開発され、アジア各国へ輸出されているのだ。中でも、栃木県が開発した「とちおとめ」は、あろうことか、韓国で無断生産された上に逆輸入されていたことが、東京都中央卸売市場で発覚している。

海外で国内品種の無断栽培が発覚しても、その国で品種登録がされていなければ、生産を差し止めることは難しいのが実態だ。静岡県が開発したイチゴ「紅《べに》ほっぺ」も、そうした一例だ。

海外での品種登録には1件当たり100万~200万円程度かかるほか、手続きも煩雑で登録申請に及び腰になる栽培農家も少なくない。

所管の農水省は、日本で新品種を開発した農家や自治体などに海外での品種登録を支援するテコ入れが欠かせない。登録料の支援や登録申請のマニュアルづくりなど、啓発活動を一層強化すべきだ。

遺伝資源という知的財産を守るためにも、関係機関は国外流出という再発防止に向け、実態の全容解明に努めなければならない。イチゴやブドウなどには「植物の新品種の保護に関する国際条約（UPOV）」がある。

その植物にしても、販売先の国での品種登録が必要だ。遺伝資源を守るには、生産者だけでなく、国を挙げた支援態勢づくりが急務なのだ。

例えば2018年冬、韓国・平昌《ピョンチャン》五輪で有名となったイチゴがある。銅メダルを獲得したカーリング女子「LS北見」のメンバーが、試合中の休息時間「もぐもぐタイム」で、韓国産のイチゴを食べて注目されたのだ。

斎藤健農林水産相（当時）は会見で、このイチゴについて「以前に日本から流出した品種を基に韓国で交配されたものが主だ」と指摘し、日本の品種保護を強化していく方針を示している。

こうした事情を知った筆者の周辺にも、「韓国に盗まれたイチゴをおいしそうに食べるなんて……」と残念がる声が上がった。しかし、韓国に遺伝資源が盗まれた上、堂々と幅をきかせている現実を広く日本国民に教えてくれたという意味で、ＬＳ北見の選手が果たした役割は大きい。

斎藤大臣が「海外でも知的財産権を取得し、仮に流出が発見された場合には、栽培や販売の差し止め請求などを行うことが重要だ」と強調したのは当然である。

和牛やイチゴに代表される遺伝資源は国家の財産である。世界と勝負するためにも、ブランドの保護育成は欠かせない。

博多ラーメン「一蘭」を完全コピー

創造力もなければ、オリジナリティもセンスもない。ただモノマネして安く儲けようという発想には、知的財産もへったくれも関係ないようだ。そこにあるのは、中国・韓国の前近代的な泥棒商法だ。日本企業が開発にかけた時間と金を奪う、犯罪そのものが跋扈《ばっこ》する――。これも形を変えた立派な侵略だ。

「味集中カウンター」と呼ばれる、1席ずつ仕切られた座席。ここでは、麺の固さやスープの濃さなど、自分の好みに合わせたオリジナルのラーメンを食べることができる。こうした独特のスタイルを売り物としている人気の博多ラーメン店「一蘭《いちらん》」は、米国ニューヨーク、香港や台湾にも出店するなど、２０１９年中に国内外で計82店舗を展開する。香港と台湾では連日の

博多ラーメン「一蘭」天神西通り店
＝2019.9.19、福岡市中央区

大人気で、アジア系旅行客が多い福岡市内にある本店前は、いつも中国系観光客の列ができていた。

ところが2018年、中国浙江省杭州市に、一蘭そっくりの博多ラーメン店が登場し、本家を慌てさせる事態となっているのだ。その名も「蘭池《ランチ》」で、ロゴも店構えも、味集中カウンターもそっくりだ。この蘭池、ホームページまで色、スタイルがほぼ同じという徹底ぶりだ。中国本土だけで30店舗以上、韓国にも店舗を出店している。

ホームページは中国語と日本語の2カ国語の表記になっていて、厨房の清潔さを強調しているあたり、中国在住の日本人や日本人観光客にも照準を合わせていることが伺える。10年以上前になるが、筆者が中国に出張した際、日本人駐在員から「中国の中華料理店では厨房を見てはいけない。見たら箸をつけられなくなる」と脅されたことを思い出す。

なお、完全コピーといっても、後述する通り日本語がインチキなので、これに引っかかる日本人は、まずいないと思われる。

まず、「蘭池」のホームページを紹介しよう。

「私たちは『優しさ・思いやり・謙虚さ・誠実さ・勇気』を持った人間性の高い人をめざすと

ともに、『安心・安全・健康』をモットーとし、本物の美味しさをお届けします。当店はゆったりとスペースを取っていますので幅広いお客様にご来店して頂ける店作りにしています。

少しでも多くのお客様に当店の本気の味やサービスを知って頂き『また行きたい』と思って頂ける様に日々精進致します。

まだまだ、開店間もないので色々とご迷惑をおかけすると思いますがスタッフ一同でより良い店作りが出来るように心がけますので宜しくお願いします。

そして、ありがとうの気持ちを1杯のラーメンの中に詰め込みます」

そして、店の清潔さを売りにしている。誤解されたら不本意だが、筆者が持っていた中国の料理屋のイメージを変えるものだ。

「蘭池の厨房は常に清潔で徹底的に清掃されております。1時間毎、4時間毎、12時間毎、1日毎、1週間毎、2週間毎、1ヶ月毎……など、各清掃箇所によって清掃周期が定められており、清掃漏れのないようチェック体制を徹底しております。清掃完了後は確実に清潔になっているか確認します」

一方で、店の外看板には「美味しそがある（ママ）」「喜ばれるさよ（ママ）」という、間違いだらけの日本語が踊っている。「喜ばれるさよ」は、博多弁の語尾に来る「とよ」の間違いである。パクリ店舗の出店を計画している企みが「一蘭」サイドに漏れることを恐れたのだろうか。日本人が監修していたら絶対にあり得ない、変てこな日本語が堂々と看板に掲げられている。ネット上にも写真がたくさん上がっているので、ぜひ検索して見てほしい。

さて、さらにどんな文言が出てくるか、ワクワクしながらホームページを読んでみた。

本家「一蘭」に失礼になるから笑ってはいけないが、「旨さの秘訣」というタグをクリックすると、「天然とんこつスーフ（ママ）」と「豚の骨から出汁」という小見出しが日に飛び込んできた。

「スープ専属職人が長年の研究の末に編み出した秘技により、とんこつの美味しさを最大限に引き出しました。製造と調理の2段階において高度な技術を施す独自の製法で、余分なクセを完璧に取り除いておりますので、とんこつ特有の臭みは全くありません」

「スープ専属職人が長年の研究の末に編み出した」とか、「ラーメンのレシピを知る者は、社内でも4人のみです。門外不出のレシピを守るため厳重な体制のもと製造されております」とあるが、逆の意味で期待通りだ。昔、シューマイで有名な横浜・崎陽軒の「シウマイ」そっくりの類似品を販売する会社が、地元のテレビCMで、「類似品にご注意」と宣伝していた、あれだ。そのCMも、「それはあなたでしょ。どの口がそれを言うか」という、笑うに笑えない構成になっていた。

さて、こうなると気になるのは、味だ。知的財産保護の観点でインタビューに応じていただいた、福岡市に本拠のある明倫国際法律事務所、田中雅敏弁護士に報告していただこう。2019年5月15日、NHK福岡放送局製作の番組で、上海まで行って蘭池のラーメンを食べる姿が紹介されていた。その映像をご本人から直接いただいたので、再録してみたい。

海外での知的財産問題に詳しい、明倫国際法律事務所の田中雅敏弁護士＝2019.7.17、東京都千代田区

カウンターに座った田中弁護士が言う。「雰囲気はまさに一蘭さんのコンセプトですね。盛りつけも感じも全部一緒です。どんぶりの中身のデザインも、文字まで一緒です。味は旨味の部分が薄い。まずいかというと、それは好みの問題だろう。一蘭さんとは全然違うラーメンですね」

田中氏に同行したNHKスタッフが、上海の西方に位置する浙江省杭州市の本社に出向き、蘭池の営業担当者との電話取材に成功した。一蘭との関係を聞くと、中国人スタッフは、「以前、一蘭を視察したことがある。一蘭のスタッフも商品開発に参加した。しかし、中国人がつくり上げた店だ。れっきとした独自ブランドだ」と豪語した。

知的財産には、主に、①特許、②商標、③著作権がある。①には新技術や新たなビジネスモデルなど、②には商品名、店名、ロゴマーク、③には芸術作品、アニメ、小説、音楽などがあり、3つを総称して知的財産（知財）という。

これらは、模倣されないよう法律で保護されている。蘭池側の強気の背景には、中国の国内法に則った法的手続きがあった。中国商標局に登録していたのである。

中国政府も、国際社会からの批判を受け、国を挙げて知的財産の登録を奨励しているのだという。この権利意識が、模倣された日本企業にとって、新たな脅威となっている。最近では、中国に進出しても商標登録を先回りされていて、本家が偽物に訴えられるという、ひと昔前では考えられないことが起きている。

裁判で負けて本家が使えなくなったものに、焼酎の森伊蔵と伊佐美、果物のシャインマスカットがある。

田中氏らは、明倫法律事務所が提携している上海の中国人弁護士、倪挺剛氏と相談し、蘭池に営業改善を求める警告文を発したという。特に、店の特徴でもあるロゴの変更を求め、変えさせるのが狙いだった。一蘭はまだ中国市場に進出していないが、ロゴ使用の差し止めは可能だという。この3カ月後、ようやくロゴは緑と赤色が基調だったものから、日の丸をイメージする赤と白に変わったが、営業スタイルを模倣させないための戦いは続いているという。

一蘭が本社を置く福岡市は、大型クルーズ船の寄港地としても有名で、毎年多くのインバウンドが入ってくる。これが、パクリが跋扈する土壌になっている面もあるようだ。中国人のようなパクリ文化に慣れ親しんでいる観光客がバンバンやって来て、蘭池関係者のように、日本企業の商標や特許といった知的財産など、どこ吹く風とばかりに盗むだけ盗む。中国に帰国後は、模倣したロゴを商標登録して、本家の中国進出を妨害するというケースがそれだ。

騙される方が悪い？

思い切りパクられた本家の一蘭は、蘭池のことをどうみているのだろうか。この一件で田中弁護士にインタビューした後の2019年8月、福岡市に隣接する糸島市の本社に文書で問い合わせてみた。

――中国への進出計画はあるか。進出した場合、蘭池への有効な対抗策は

「中国への出店は現段階は検討中で、まだ具体的なところまでは至っておりません」

――蘭池とは協議しないのか

「直接話し合いの場は設けておりません」

――コピーされて迷惑ではないか

「お客様に誤解を与えている、ご迷惑をおかけしている点が迷惑です。中には勘違いしたお客様よりご指摘やお叱りをいただいたこともあります。他のお客様にご迷惑をおかけしないようWEBでは告知を行っています。ただ、蘭池に限らず、国内にも模倣した店舗は多くあるので、同様にお客様に呼びかけを行っています」

中国への進出は考えていないというが、出店のタイミングも含め、蘭池のパクリは「いい迷惑」であるとの、静かな怒りが伝わってくる。一蘭のパクリ問題で対応策に乗り出している田中弁護士にも聞いてみた。

――どうしたらパクリを防ぐことができるのか

「中国企業を訴えるのは、勝ったとしても、あまりよろしくないのかな。中国人いじめだと。でも何から何まで模倣されているので、さて、これをどうするのか。日本でもある程度、権利化しているが、店のつくりを保護するのは難しい。何の権利を守りにいくのかという問題がある。中国にも不正競争防止法みたいなものがあるが、どこまで機能するか不明だ」

――警告文を出したそうだが、有効か

「有効だ。あまりケンカするのもどうかというのもあるが、蘭池側も警告文を嫌がっている風で、新しい店舗はロゴを変えてきた」

——（特許を受ける権利がないのに特許申請する）冒認商標が中国では盛んなようだ

「そんな事例は山ほどある。焼酎の森伊蔵や伊佐美、皮ごと食べることができるシャインマスカットなどがそうだ。特にシャインマスカットは闇が深い。シャインマスカットは日本のＪＡが農家とともに頑張ってつくった。しかし、育成者権登録を外国でしていない。種苗登録というのがあるが、中国で偽物に登録されてしまった。中国で登録しなかったのは、公式には放射線の関係で中国は日本の農産物を輸入できないからだ。ところが、日本人か中国人か分からないが、本物の苗を持ち出して中国で植え、シャインマスカットの名前で売られてしまった。それが香港とかタイ、シンガポールに輸出されて、競合している。日本のは１万円で、中国産が３千円では勝負にならない」

——和牛がそうだが、日本側にも金目当てで中国など外国人に試料を提供している人がいるのではないか

「農産物を持ち出すのは日本人だ。いつもいつも、中国人が持ち出しているわけではない。日本茶も被害に遭っている。中国に何百ヘクタールという広い抹茶の農園があって、農閑期に農民が手摘みしてヨーロッパに輸出している。だれが日本茶を持って行ったのかというと、お茶の機械を売りたいメーカーが、お茶の技術者ごと売りますよと。技術者を連れていって、パックで売っている。悪い中国人が来日して、こっそり盗んでいるのもあるだろうが、そうでもない。

日本の技術は全てそういう面があり、結局、日本人が、年功序列で給料が高くなったからといって、ベテラン技術者を邪魔者扱いして、肩たたきする。技術者には誇りがあるから、邪魔だと言われる会社にいるより、『給料を3倍出すから、あなたの技術をぜひ、うちの会社で活かしてほしい』という会社に移る。そういう人を、必ずしも責められない。結局、国としてどう保護するのかという視点が抜けている」

——農家にとっては、海外で登録出願するのは法的、資金的にハードルが高くないか

「日本なら、弁理士さんに頼めばどこにでも出してくれる。費用と意識の問題だ。国の助成金制度もある。意識の問題だと思う」

——一蘭のケースはどうか

「きちんと、やることはやっている。警告を再度出すという方法もある。こちらはあなた方をしっかり見ているよと。模倣が起き、類似品が出回るというのは、経済がグローバルになっていく以上、どうしても防げない。今までにも増して、事前準備が大切になってくる」

——蘭池側の強気の背景に、中国の国内法に則った法的手続きがあった

「確かに、商標法のルール上、許される行為であれば許されてしまうので、海賊版をつくって真似して摘発されそうになったら逃げる、みたいな、従来型の乱暴な模倣とは明らかに違うから、対処するのが難しい。知財戦略を考えていかないといけない時代だ。今、海外進出のあり方は、曲がり角に来ている。中国事業で失敗して帰ってくるのは、ほとんどがリスク管理の失敗だ。

トラブルに巻き込まれてからどうする、というのではもう遅い。防衛的に商標の手配をしていくとかの戦略は必要ではないか」

――海外、特にパクリ大国の中国に進出するには、日本側の問題意識も大切だ

「商標は、真似した人が悪いのではなく、出願登録しなかった人が悪い、という発想が必要だ。意識と出願だ。出願も出し方がいろいろあり、細かく戦略を立てながら出願する発想が欠かせない」

田中弁護士へのインタビューを終えて想起するのは、島国日本を揶揄《やゆ》した言葉だ。

「日本の常識は世界の非常識。世界の常識は日本の非常識」

世界の標準は日本ではなく、むしろ中国に近い。そんな思いを抱かせる。

日本国内で詐欺で捕まった中国人が「騙すより、騙されるほうが悪い」と開き直るケースを聞いたことがあるが、まさに知的財産の世界も同じ構図なのである。田中弁護士が指摘する通り、われわれ日本人は、まずここから意識改革をしなければならないようである。

ここまでやるか！　韓国のパクリ戦術

米国の首都ワシントン郊外にある、バージニア州フェアファックス郡。道路沿いの看板にハングル文字が溢れるこのエリアには、韓国系移民が多く住む。2013年9月、とんでもない

まがい物が、まだ堂々と売られていた。韓国系大型ストアの菓子コーナーだった。

カルビーのかっぱえびせん、ではなく韓国製セウカン。グリコのポッキー、ではなく韓国製ペペロ。明治のきのこの山、ではなく韓国製チョコソンギ。包装も驚くほど本物そっくりで、パクリもここまで徹底すると見事というほかない。

セウカンは味も見た目も本家と同じだったが、チョコソンギは、きのこの傘にあたるチョコが変形しているものが多く、商品としては、雑でテキトーな印象を受けた。日本のそれが均一なのに比べ、菓子ひとつとってみても技術力の差は、こういう些細な部分に出てしまうものだと実感させられる代物だった。まがいものの限界である。

今はインターネットのおかげで、これらパクリ商品が大手を振って店先に並んでいる実態を多くの日本人が知っているが、それにしても、日本企業に手の打ちようはないのか。いや、手を打つ意思はないのか。

業界に詳しい関係者によると、まずパクリ企業を提訴する際の根拠だが、菓子類や工業製品など、一般的に大量生産品は著作権の対象とならない上、商品名が異なるため、商標権の対象にもならない。このため、提訴する場合は、主として不正競争防止法が根拠になるという。

ただ、この場合、韓国内で自社のオリジナル製品が広く認識されている必要があるため、韓国内での事業展開が進んでいない企業にとっては、この不正競争防止法による提訴のためのハードルが高くなるようだ。

これに加えて、韓国の国内法が煩雑で提訴準備に手間暇がかかる場合もあり、勝算や裁判コストを踏まえ、提訴するかどうかを総合判断することが一般的だという。従って、日本側の提訴が少ないのは模倣製品が少ないからではなく、提訴しても裁判で勝訴する可能性が少ないから、というのが実態のようだ。

また、韓国では1998年まで日本文化は輸入禁止だったため、韓国内の企業が自らの商品やブランドを構築しようとした際に、一定期間、海外の文化が入ってこなかったことが、海外の文化を〝参考〟にすることを助長した可能性は否定できないと解説する。

別の関係者によれば、こうした背景から、日本企業が韓国内でそもそも販売を想定していなかったという事情に加え、韓国企業がここまで露骨に模倣品を製造販売する事態を予見できず、韓国国内での商標権を取得していなかった可能性も考えられるという。

筆者もこれまで、いくつかの日本の菓子メーカーに取材を申し込んでみたが、明確な回答は得られなかった。こういうあいまいな姿勢が、パクリ韓国をツケ上がらせ、他の日本企業の被害を増幅させていくのである。

菓子だけでなく、アニメもパクリが酷い。例えば、「マジンガーZ」が「テコンV」、「宇宙戦艦ヤマト」は「宇宙戦艦亀船」、「科学忍者隊ガッチャマン」は「トクスリ5兄弟」、『鉄腕アトム』は「少年アトム」に大変身。どれも日本の原作者を示していないというから、著作権もへったくれもない。

人気漫画「ドラえもん」そっくりの「トンチャモン」に至っては、著作権を侵害された方々には申し訳ないが、どこまで創造力がないのだと苦笑せざるを得ない。いかにも日本と分かる風景や服装などは、ぼかしたり改竄したりと勝手に修正して使っているというから、けっこう悪質だ。

ひとつ笑い話がある。高さ13メートルにもなるテコンVの巨大な彫像を、韓国が不法占拠する竹島（韓国名・独島《ドクト》）に建造しようとして、断念したというのだ。２０１３年夏の話で、日本のマジンガーZのパクリ作品をわざわざ竹島に建てるのはふさわしくないとの批判が、彫刻家に殺到したのだという。それはそうだろう。まがい物を建てたら、竹島を不法占拠する彼らの主張そのものが、まがい物であることを認めたことになるためだ。

韓国の国民的人気アニメ、テコンV。知らなかった人は、ネットで検索するとすぐ出てくるので、ぜひ見てほしい。爆笑間違いなしだ。

国家技術の最高機密が盗まれる

茶道、折り紙、歌舞伎から寿司、納豆、和牛、ソメイヨシノから剣道まで、ありとあらゆるものが韓国発祥だと主張する韓国起源説だが、羨ましいものはすべて自分たちが起源だと主張する、その病的なまでのアイデンティティ探しは、まだ笑って済ませられる。例えばピザの韓国起源説に至っては、大学教授が大まじめに論じ、本場イタリアのみならず、世界の笑い者になっているのは、ＳＮＳを検索すればすぐ分かる。

だが、日本の文化、アニメ、工業製品から家電製品に至るまでのパクリは、実際のところは知的財産の侵害であり、実害が出るから座視できない。このパクリにかけては、本家の中国も青くなるほどの名人域に達しているのが、現代の韓国である。こうした、基礎研究や開発を軽視する創造力の欠如は、平和賞以外のノーベル賞受賞者が一人もいないことが雄弁に語ってくれている。

しかし、日本政府も座視していたわけではない。特許庁は、韓国における知的財産権保護の実態について、つまり、韓国企業によるパクリの実態について、十数年前になって、ようやく対策づくりに乗り出している。

韓国に進出している日系企業の被害状況を明らかにし、日本政府や企業の韓国における知的財産保護対策に役立てるためだ。それが、日本貿易振興会（ジェトロ）に委託した「韓国模倣被害実態アンケート調査結果」（２００４年９月）だ。調査は、ジェトロ・ソウルセンターが、ソウルジャパンクラブなどの協力を得て、同年2月11日～3月17日まで、日系企業71社に対して実施した。15年以上前の調査になるが、韓国でパクリが横行し始めた時期と重なるから、今でも十分参考になるだろう。

それによると、韓国における知的財産の保護状況について、「最近、韓国のニセモノや違法コピー商品の製造、流通、販売についてどのように見ているか」という問いに対し、「以前と変わっていない」が59%、「以前と比べれば少なくなった」が35%だった。

ニセモノの横行については「断固として取り締まるべき」が53%、「製品によっては取り締まりを強化すべき」が42%だった。

被害実態については、4割近くが深刻な被害を含めて何らかの被害を訴え、韓国政府の取り組みについて、5割以上が不満を持っていることが分かった。被害を訴えた企業のうち、侵害された権利で最も多いのが意匠権（デザイン）で約70%、ついで商標権が約60%、特許権が約40%となっている。

被害額は1億～5億円と1千万円未満がそれぞれ25%ずつだが、被害額が不明もしくは算定不能というのが42%にものぼった。この42%こそが問題で、莫大な損害額ゆえに算定不能なのであり、日本としても官民を挙げた実態調査が急がれるゆえんだ。

製造場所は、韓国内が75%、中国で製造され韓国に輸入されたものが17%という、パクリの中韓連携がそこにあった。被害企業は、75%が対抗手段をとっていると答えており、実際には、何もせずに手をこまねいているわけではないようだ。

具体的に最も多いのが、「相手製造者への警告」で50%、次に「法律事務所等による調査のみ」で20%、「民事訴訟」と「税関での差し止め」が10%ずつ。民事訴訟に踏み切らなかった理由については、「費用がかかりすぎる」と「手続きが複雑すぎる」が、それぞれ50%ずつとなっている。

さきの業界関係者の場合は、自社の商品に類似しているとして韓国企業に対し、商標権および不正競争防止法に抵触するとの警告を文書で出し、韓国企業がデザインの一部変更を行うことで決着したという。

この関係者は、韓国企業の類似品を野放しにするのではなく警告文を出したのも、「韓国企業の動向をウォッチしており、自分の会社が場合によっては法的対応を取る企業であるということを印象づけることも、目的の一つ」と語る。

しかし、こうした日本側の努力もむなしく、訴訟による敗訴は続いている。

日本のゲームメーカー「コナミ」が2005年8月、韓国企業ネオプルが発売したオンラインゲーム「新野球」が、自社の制作したゲーム「実況パワフルプロ野球」の著作権を侵害したとして提訴した。だが、案の定、翌2006年7月20日、ソウル中央地裁はコナミ敗訴の判決を出している。

こうした中、ようやく韓国の盗み、パクリ体質に日本司法の鉄槌がおりた。

2012年5月、旧新日鉄（現在の新日鉄住金）が韓国最大手の製鉄会社「ポスコ」と旧新日鉄の元技術者を不正競争防止法の「営業秘密の不正取得行為」に当たるとして、1千億円の損害賠償と高性能鋼板の製造・販売差し止めを求めて東京地裁に提訴した「産業スパイ事件」である。このレベルになると、パクリと呼びつつ眉をひそめて放置されたままになっているたぐいの裁判ではなく、国家技術の最高機密に対する盗み、そのものである。

盗まれたのは、門外不出の「方向性電磁鋼板」と呼ばれる技術で、新日鉄の八幡と広畑両製鉄所だけで製造されている秘中の秘。変圧器などに用いられる特殊な鋼板で、鉄の結晶がきれいに整列する様子から、「鉄の芸術品」と呼ばれる。研究・開発に数十年、数百億円を投じた傑作だ。

裁判の過程で新日鉄住金側は、ポスコ社の指示で日本から機密情報が日常的に盗用されており、同社の東京研究所が、実験設備も何もない、日本の鉄鋼メーカーの情報を収集する企業スパイ組織だったとする元社員の陳述書を提出している。結局、2015年9月末、4年にわたる裁判は、ポスコから3百億円の支払いを受けて和解し、新日鉄住金側が実質勝訴して幕を引いた。

一連の裁判で浮き彫りになったのが、恩を仇で返す韓国お得意のパターンだ。ポスコにとって旧新日鉄は育ての親も同然。ポスコは、1965（昭和40）年の日韓請求権協定に基づく資金援助で、新日鉄住金の前進である当時の八幡製鉄所と富士製鉄から技術供与を受けて設立した。この頃からパクリ癖がついたのか、自前の技術を育てる努力を怠り、結果として経営の屋台骨を直撃する巨額の和解金というツケを日本側に払わされる結果となった。

銘記しなければならないのは、新日鉄住金がこの間、三菱重工などとともに、戦時賠償の標的にされ、韓国裁判所から賠償命令を出されるなど、「韓国リスク」を目の当たりにしたことだ。

機密を持ち出したのは元社員だが、それを指示したのは韓国の本社である。氷山の一角と言われる中、日本企業にはより一層の注意と警戒が求められる。

韓国社会における知的財産に関する意識の低さは、以前から指摘されてきたところだが、そんな韓国も、兄貴分の中国にパクられる被害を受け始めてから、やっと問題意識の高まりが見られるようになってきたという。

産経新聞の加藤元ソウル支局長や戦時賠償に関する裁判を見た通り、韓国の司法は、事実認定よりも青瓦台（韓国大統領府）や反日感情、「国民情緒」が優先される。韓国の司法が韓国企業を甘やかす判決ばかり出しているようでは、ただでさえ創造力が育ちにくい韓国企業社会が、さらにパクリに磨きをかけるだけの弱い産業構造になるだけだ。模倣国家という不名誉な称号を返上したいのなら、韓国企業のみならず、韓国の司法も早くそこに気づいた方がよい。

日本の輸出管理強化に錯乱する韓国

この本の主眼は、日本に武力を使わず侵入し、乗っ取りを謀《はか》る中国にある。だから、韓国のことに紙面をさく余裕はあまりない。だが、日本が打ち出した韓国への輸出管理強化をめぐり、韓国・文在寅《ムン・ジェイン》政権の取り乱した姿を見るにつけ、その民族的な根っこにあるものも、指摘しておかねばなるまい。日本が輸出管理の強化に乗り出したとたん、韓国全土はパニックを起こし、反日デモや不買運動に火をつけて回っているだけならまだしも、日韓の軍事情報包括保護協定（ＧＳＯＭＩＡ《ジーソミア》）の破棄まで決定するという愚挙に及んだ。

日本の模倣（パクリ）を何も疑うことがなく当然のように思い、大量破壊兵器に使われる疑いのある資材を第三国経由で北朝鮮に横流ししてきた疑いのある韓国は、どこまで甘えても、日本は「遺憾」と言うだけで決して怒らない、どうせ何もできやしないという、ツケ上がった考えに毒されてこなかったか。韓国のパクリ体質を指摘するだけでなく、ＧＳＯＭＩＡの破棄という愚挙に及んだ韓国がその理由にした日本政府の、輸出管理強化をめぐる事の本質を記しておく。

文在寅大統領は２０１９年８月２日、日本政府が輸出管理で優遇措置を適用する「ホワイト国」から韓国を除外する政令改正を閣議決定したのを受け、緊急閣僚会議を開き「問題解決への外交的努力を拒否し、事態を一層悪化させる非常に無謀な決定だ。今後の事態の責任はすべて日本政府にあるという点を明確に警告する」と述べた。

この口上は、中国共産党や北朝鮮などの十八番である。韓国もやはり、メンタリティだけでなく、自由や民主主義という基本的価値観を共有しない、「あちら側」の国であることを改めて印象づけた。歴代大統領が、逮捕されたり悲惨な末路をたどる国だ。取り立てて驚くには値しないが、よくぞ先進国クラブともいえるＯＥＣＤ（経済協力開発機構）に加入できたものだと、むしろ、そちらの方が驚きである。

地理的に近く、市民レベルの交流や観光客の往来も活発で、出来れば彼の国と波風を立てて時間を浪費したくないとの思いが、少なからず日本人にはあるかもしれない。だが、われわれにあって彼らにないもの、すなわち堪忍袋の緒が切れてしまった。戦略的忍耐もここに極まった。その結果が、今回の韓国に対する優遇措置の格下げである。

何しろ、日本から輸出された大量破壊兵器の素材が、シリアやイラン、北朝鮮などに横流しされていた疑いがあるのだ。これを座視すれば、日本まで同じ穴の狢《むじな》として、「信頼できない国」という烙印を押されかねないのだから、突き放すのは当たり前である。

日本海をパトロールする海上自衛隊の哨戒機に射撃レーダーを照射したのは、北朝鮮への「せどり」現場を押さえられたくなかったからだという指摘を、韓国政府は否定しない。否、事実だから否定できないのだろう。射撃レーダーの照射は、拳銃で言えば、相手に狙いを定め、引き金に指をかける殺意の表現だ。自衛隊員の命にかかわる、大変危険な行為である。

文大統領は、日本の決定に対して「問題解決のための外交的努力を拒否して、事態をより一層悪化させる非常に無謀な決定だ」と語るが、まず襟《えり》を正すべきは文大統領、あなたなのだ。

さらに、文大統領は「加害者の日本が盗っ人たけだけしく大声をあげている状況を決して座視することはできない」と述べた。勇ましい檄《げき》はまだ続く。「われわれは再び日本に負けることはない」。自らに言い聞かせているようで実に痛々しい。現状、日本に負けているという認識があるからそう思うのだろうが、日本政府も国民も、面倒くさい相手だとは思っても、韓国相手に「勝った」だの「負けた」だのという感覚は持ち合わせていないだろうし、そんなに暇でもなかろう。

しかし、8月5日、こちらが心配になるような発言が文大統領の口から飛び出した。文大統領は、政権幹部を集めた会合で「北朝鮮との経済協力で平和経済を実現し日本に追いつく」と言ってしまったのだ。核やミサイルなど大量破壊兵器の製造と保有をやめない北朝鮮は、国連の制裁対象となっている。そんなゴロツキ国家と手を携えて日本をやっつけるというのだから、あきれる。国際社会から自分たちがどう見られるか。もはや日本も韓国もどうでも良い、北朝鮮の懐に抱かれたい――という、破れかぶれの心境になったとしか思えないのである。

しかし文大統領にとって残念なのは、当の北朝鮮が、つれない素振りであることだ。

北朝鮮で南北関係を担当する祖国平和統一委員会の報道官は16日、「韓国と再び対座することはない」と述べた。韓国の文大統領が15日、２０４５年までに朝鮮半島の和平と統一を目指すと表明し、北朝鮮に対話を呼びかけたが、これを明確に拒否した形だ。

頼みの北朝鮮の若大将にまで袖にされて四面楚歌となった韓国・文大統領は、ついに心が折れたのか、16日、「光復節」の式典で演説し、「日本の不当な輸出規制に立ち向かう」としながらも、「今からでも日本が対話と協力の道に出れば、われわれも喜んで手を握る」と述べた。

モノ言いは相変わらずで、どこにその自信があるのか知らないが、完全に上から目線である。ただ、言っている内容は、日本に救いの手を差し伸べてほしいとの懇願だ。そんな姿を見ると、吉本新喜劇を思い出す。ボコボコにいじめられた当人が立ち上がり、いじめた相手に「今日はこれくらいで許したる」と言うキメぜりふだ。

恥も外聞もないとはこのことで、ほとんど独り相撲である。さきほど、襟を正すべきは文大統領だと言ったが、輸出管理を厳格化し、優遇措置をやめたのは、韓国が自国の輸出管理をずさんなまま放置し、意図的に横流ししている疑いすら持たれているからである。

朝日や毎日、日経新聞など、日本の大手新聞社まで、今回の日本の措置が自由貿易に反すると批判しているが、それはおかしい。国際合意に基づき軍事転用可能な物品の輸出を規制する貿易管理は、大量破壊兵器などを北朝鮮やテロ組織などに拡散させないためにある。自由貿易を悪用させないために、各国に認められた制度なのである。本来、その「適正な運用」が自由貿易に反するわけがない。

また、管理の強化が過剰とも言えない。今回の措置は韓国への優遇をやめるだけであり、禁輸や追加関税といった、新たな輸入制限ではない点を認識しておかなければならない。現在は、ホワイト国という言い方をやめてグループ分けしているのだが、グループBの韓国は、それでもグループCの中国や台湾、東南アジア諸国連合（ＡＳＥＡＮ）よりも上で、待遇は良い。

そもそも、欧米諸国は、韓国をホワイト国としていなかった。日本との関係で言えば、ホワイト国に格上げする前の、２００４年時点に戻っただけの話である。それで経済がガタガタ来るというのなら、韓国自身が無為無策だったというだけのことである。日本に、半導体素材であるフッ化水素や半導体の基板に塗る感光剤のレジスト、有機ＥＬ製造用のフッ化ポリイミドを依存し、その輸出に頼るという、いびつな経済構造にこそ問題がある。日本メーカーのフッ化ポリイミド市場でのシェアが90％程度、レジストでも90％程度のシェアを握っている。モノづくり文化を軽蔑し、否定してきた儒教原理主義国家の宿痾《しゅくあ》がここにある。

さて、韓国に対する日本の措置だが、日本企業に及ぶ影響には目配りが必要としても、今回の決定が行き過ぎとは言えない。韓国が後ろめたいことをしていなければ、すんなり輸出が許可される話であり、日本国内から韓国企業向けに輸出許可申請のあった半導体材料のレジストとフッ化水素は、すでに許可されている。

これまでは韓国を信用して段ボールの中身を見ずに輸出を許可していたのだが、これからはフタを開けて一つ一つ吟味するだけの話である。むしろ、よくもこれだけ信用できない国をホワイト国として丁重に扱い、優遇してきたものだと、日本政府の対応に疑問符が付くくらいである。

それにしても、われわれ国民が知らないところで、国民の社会福祉そっちのけで、韓国に対しては、これでもかこれでもか、というほど優遇して甘やかしてきたのが、歴代の自民党政権だったのである。

運用の妥当性についても問題ない。特定国への規制を緩める優遇策は、その国が自国内で適正に貿易を管理していることが条件だ。国家同士の信頼関係がないと成り立たない。日本は

2004年、輸出規制を緩めるホワイト国に韓国を加えた。しかし欧米などと違い、韓国は通常兵器に転用可能な一部品目の輸出管理が不十分だ。それでも大目に見てきたのは、韓国を信頼したからである。

その前提が崩れたのである。徴用工だけでなく、慰安婦問題や自衛隊機への射撃レーダー照射でも韓国は、国際ルールを無視し続けて来た。北朝鮮と経済協力して日本に追いつく云々という人物が大統領をしている国である。禁輸品が北朝鮮に流れていると見る方が自然だ。輸出審査を厳格化するのは当然である。

これに対し、取り乱した韓国政府は8日、今度は日本をホワイト国から除外することを決めたが、理由は明らかにしなかった。それは、外交上のカードとして温存したのではなく、除外するだけの正当な理由がなかったからである。これで韓国は、自身が日本から優遇措置を撤廃されたのは不当として、世界貿易機関（WTO）への提訴準備を進めていたが、自らその道をふさいだことになる。提訴しても勝てないと判断したから、報復として日本をホワイト国からはずした可能性もある。なにしろ、韓国がしていること自体が、明確なWTO違反なのだ。

それだけでは飽きたらず、大統領府の金鉉宗《キム・ヒョンジョン》国家安保室第2次長は、日韓の軍事情報包括保護協定（GSOMIA）の破棄検討を示唆した。情報収集衛星を1基も所有していない韓国が、7基を運用中の国に対して使う言葉ではない。日米韓3カ国の足並みを乱すとして、米国からきついお灸をすえられること請け合いだ。

だが、韓国の中には、こんな強気の見方もある。日本は情報収集衛星を駆使して北朝鮮の情報を収集しているが、韓国は脱北者への聴取や、ヒューミント（スパイ）主体の情報収集を行っているため、日本が絶対に入手することが出来ない情報を握っている――というものだ。そして、日本から提供される情報は、米国から入手出来るため、韓国はGSOMIAを破棄しても何の問題もない。だから、日本にとって、GSOMIAを失うことは致命的な失策になるだろうと。

確かに、韓国は日米両国が真似ができない脱北者への聴取や、ヒューミント主体の情報収集を行っているが、これは韓国に軍事用の偵察衛星が1基もないからであり、地べたを這う情報収集しかできないでいるということだ。

ヒューミント、これはこれで大事なことだが、7月25日以降、6回も発射された北朝鮮の飛翔体に対しては、米軍の情報がなければ無力であり、なすすべもなかろう。

GSOMIAはもともと、オバマ元大統領の肝いりで実現した。日米韓による安保協力の象徴としての意味合いが強く、実際にどこまで機能しているか、はなはだ疑わしい。韓国自身、軍関係のプロは別として、親北政策のもとで教育された無知蒙昧な国民は、朝鮮戦争の惨禍を忘れ、「まさか北に住む同胞が、自分たちにミサイルを撃ち込むことはあり得まい」という幻想にひたってはいないか。

元防衛庁情報本部長の太田文雄氏は、「輸出管理上のホワイト国リストから韓国を除外したことへの報復として韓国側が日韓ＧＳＯＭＩＡを破棄するというなら、自分で自分の首を締めるものと言うほかない。わが国としては『やるならおやりなさい。３年前の状態に戻るだけの話』と言うだけである」と語っている（公益財団法人「国家基本問題研究所」２０１９年８月５日 電子版）。

日本への報復として繰り出した韓国渾身のホワイト国はずしやＧＳＯＭＩＡ破棄も効き目がないとなれば、韓国はいよいよ、戦時労働者である徴用工問題での暴挙に出ざるを得なくなる。すなわち、徴用工訴訟で韓国最高裁から賠償判決を受けた日本企業の資産が差し押さえられ、売却により現金化されるのは、時間の問題となる。この資産が売却されれば、日韓関係は「悪化」では済まない。そのリスクを覚悟の上で、文氏はそれを黙認する恐れがあるから厄介だ。

模倣の王者・サムスンの落日

日本政府が、フッ化水素など半導体の製造過程で不可欠な３品目の輸出管理強化に乗り出してから４日後の２０１９年７月８日、韓国サムスングループの総帥で、サムスン電子の副会長・李在鎔《イ・ジェヨン》が日本にすっ飛んできた。何とか素材を調達できないか日本企業に掛け合うとともに、善後策を探るためだった。韓国の輸出全体の約２割を占めるサムスンの業績が、韓国経済に与える影響は大きい。サムスンの屋台骨が傾けば、韓国経済にとっても、受けるダメージは計り知れない。

サムスンは4月末、2019年1〜3月期の連結決算を発表した。営業利益は前年同期比60・2％減の6兆2300億ウォン、売上高も13・5％減の52兆3900億ウォンに落ち込んだ。営業利益はスマホの発火問題に揺れた16年7〜9月以来、2年半ぶりの低い水準である。米ブルームバーグ通信によると、半導体について「顧客が抱える在庫の水準は高く、製品購入が一時的に停止している」と指摘した。また、収益の柱である半導体、ディスプレイ、スマホの3部門が軒並み崩れ、業績の牽引役が見当たらないという。

この業績悪化に追い打ちをかけるのが、折り畳めるスマホ「ギャラクシー・フォールド」の発売を、当初予定の4月26日から延期したことだ。世界スマホ市場で首位のサムスンは、中国勢に激しく追い上げられている。米調査会社IDCによると、18年のスマホの世界出荷台数シェアは、サムスンが20・8％で首位をなんとか堅持した。中国のファーウェイは14・7％で3位だが、2位の米アップル（14・9％）に迫る勢いを見せている。サムスンは新製品の先進性を強調し、反転攻勢を狙っていたが、出だしでつまずいた形だ。

サムスンは、スマホのバッテリー発火問題で数千億円の損失を出したことがある。今回は発売前に不具合を認めたことで、業績への影響は軽微と見られるが、世界中から注目されている製品だけに、ブランドの毀損は不可避だ。スマホ発火問題に続いて、再び品質管理能力が厳しく問われる事態となっている。

強烈なリーダーシップを発揮した、父親の李健熙《イ・ゴンヒ》サムスン電子会長は病気で不在。グループの総帥・李在鎔氏が会計詐欺で検察に拘束となれば、サムスンはカリスマを失い、巨額投資を売りにした経営戦略に狂いが生じかねない。失速が鮮明な世界王者サムスンの先行きは、一段と険しさを増している。

こうしたサムスンの失速は、米中貿易摩擦などで世界景気が減速し、輸出が落ち込んだことが主な要因だ。1～3月の韓国の半導体輸出とディスプレイ輸出は、前年同期と比べて、おおよそ15～25％の幅で減少した。

さて、スマートフォン一本で財をなしたサムスンだが、スマホ事業だけでなく、バイオ医薬品やAIといった先端分野にも取り組んでいる。

だが、好事魔多し。パクリに代表される構造的な問題を指摘する声が、当の韓国国内から出ているのだから、穏やかではない。

「韓国の産業界は他人の技術を追いかけて先頭まで来た。しかし、これ以上突き進んで行く実力や推進力は皆無の状態だ」

こう語るのは、韓国・ソウル大工学部の李建雨《リ・ゴヌ》部長だ。さすがは韓国工学界の重鎮だけのことはある。自国の産業界のレベルがよく分かっているようだ。

韓国大手紙「朝鮮日報」（2016年4月22日付 電子版）によると、同紙とのインタビューで李部長は、「このような状態が続けばサムスンや現代自動車といった韓国経済を支える企業も、ノキアのように一朝一夕にして崩壊してしまうかもしれない。最近の韓国経済の現実を思い、韓国の学生たちの将来を考えると夜も眠れない」という。

氏の発言は示唆に富むので、さらに紹介する。

李部長は、「韓国産業界に根深く浸透している『模倣・改良精神』が韓国の行く手を阻んでいる。企業オーナーたちに会うと『私たちの目標は2位だ』と話す。『1位の企業がやることを見て、その後を追いかけさえすれば安全だ』と考えているからだ。大企業の新事業について調べてみると、グローバル企業とは比べものにならないほど安全志向だ」という。かなり正直だ。

李部長はさらに、「韓国の業界が直面している危機は、高付加価値の核心技術、創造的な概念の設計能力がないことだ。この能力は金を払ってすぐ買えるものではなく、長年の試行錯誤を経て経験と知識を蓄積するものだが、韓国企業は依然として他人の真似をするベンチマーキングを最高のやり方だと思っている」と指摘している。

その対応策については、「2つのことを同時並行で進めるツートラック戦略で、すでに成功した技術や製品に迅速に追いつくファスト・ファロワー高速追撃戦略を維持しつつ、経験の蓄積が必要な将来の分野では今からでも常に挑戦し、失敗の経験を積んでいかなければならない」としている。

言うは易し、行うは難し。なぜなら、こうした、失敗から経験を積むという技術分野、科学分野の地道な努力を軽視してきたのが、韓国の儒教文化なのだから。ゼネラリストは尊敬するが、技術分野のスペシャリストを軽視するという風潮は、李氏朝鮮時代から骨の髄まで刷り込まれているから、変革は容易ではない。

筆者の知人、筑波大大学院の古田博司教授によると、儒教立国した李氏朝鮮は、排他性の強い、儒教の新しい体系である朱子学を厳格に実践し、庶民に過酷な生活を強《し》いたという。仏教を弾圧し、仏像の首をはね、寺を壊し、茶園を枯らし、僧侶を山に追いやった。そんな儒教が、コツコツと技術を磨くことを「惨《みじ》めで格好悪い」（呉善花《オ・ソンファ》氏）と考える、技術蔑視の世界観を庶民に植えつけたのである。モノづくり文化を軽蔑し、否定してきた儒教原理主義国家の宿痾がここにある。

韓国には、欧州や日本と違って、老舗というものがないのも特徴の一つとされる。作家の井沢元彦氏は、「小さな商店を代々引き継いでより立派なものにしていき、やがて老舗といわれる商業文化が生まれる。だが朝鮮では、小さな商店などという賤《いや》しい仕事はできることなら子どもにはやらせたくないと考える、子どももできることなら親の仕事を継ぎたくないと考える」と言う。

また、日本には、何代も続く酒蔵などもある。杜氏《とうじ》が持つ酒づくりの技術も、尊敬の対象だ。こうしたことは、韓国では絶対にあり得ないことなのだ。

サムスン財閥の創立者は戦前、都内の早稲田大学に籍を置き、当時よく通っていた理容院が、戦後日本に来たら、そのままあった。さらに、理容院の息子は良い大学を出て、親父の後を継いで理容院でハサミを握る。そんな姿に創立者は感動したというのだが、そこは朝鮮の捨てがたい伝統なのだろう。サムスンを起業しても、こうした日本人の美徳は脇にやり、ひたすら模倣に注力していった。その危険性を、李建雨部長は指摘しているのだ。

韓国経済が滅んでサムスンが生き残る。李部長の懸念をかみくだけば、模倣ばかりやっていると、そのサムスンも、やがては消えゆく可能性がないとは言えないのである。

ミー・トゥー戦略という名のパクリ宣言

前出、韓国・ソウル大工学部の李建雨部長は、韓国産業界の特質として、1位の企業がやることを見てその後を追いかける、模倣の2位戦略に警鐘を鳴らした。だが、モノは言いようだ。彼らの言葉を借りれば、こうした手法は、類似品をつくってライバル他者に追いつく「ミー・トゥー（Ｍｅ　ｔｏｏ）」戦略であり、要は「堂々とパクります」という、製品開発分野におけるパクリ手法なのだ。

先述の通り韓国では、菓子や飲料から家電製品まで、他社のヒット商品を真似て、安易に金儲けしようという考え方が横行している。莫大な研究・開発費を投じるよりも、他社の製品をパクった方が安上がりなためだ。日本企業からだけではなく、韓国企業同士が切磋琢磨（？）してパクリ合戦をやっているのだから、あきれる。

韓国生まれの韓国育ちである呉善花さんなどの話によると、韓国がパクリを続ける原因には「創造性の軽視」があるという。すでに社会で評価されている権威がないと、新しいものが出てきても受け入れないという極度の権威主義と、技術や創造力、つまりモノをつくる技術やアイデアという、日本人が得意とする分野を蔑視する精神文化があるというのだ。

さらには、パクリを指摘されると、「ほかの人や企業もやっている」などと言い訳したあげく、日本の文化はすべて朝鮮か西洋のモノマネであり、西洋のパクリ以外は、すべてわれわれが教えてやった物のパクリだと考える癖があるというから驚きだ。そこには文化の相互作用、相互乗り入れによる発展といった概念はなく、常に朝鮮半島から島国日本への一方的な文化の流れしかないわけだ。

これは彼らの根底に、日本を蔑視する「侮日観」があるからだが、これは中華主義に基づく華夷思想に由来するという。小中華主義の害悪、ここに極まれりである。

中華思想とは、「自らが世界の中心、その中心から同心円状に遠ざかれば遠ざかるほど野蛮で侵略的な者たちが跋扈する夷族の地となるという世界観だ。世界の中心、文化の中心にある『優等なる中華』が周辺の劣等な夷族に文化や道徳を与えて教育し、中華世界の支配下に組み入れることを意味する」（『侮日論』呉善花著、文春新書）。

こうした歪んだ思考回路から生まれてくるのが、自分たちは優秀であり、日本人は劣等だから、われわれの模倣ばかりしているという倒錯した発想だ。日本からパクったものも韓国起源と言い出すことも少なくないから、妄想力は世界の驚きである。まあ、確かに「パクリ（朴李）」という言葉については、韓国が起源のような気がしないでもないが……。

儒教文化に浸ってモノづくりを軽視し、中国大陸のやることをひたすら模倣してきた朝鮮半島がどういう国家になったのかは、日本による輸出管理の強化にあえぐ現在の韓国が雄弁に物語っている。

第七章　世界地図から日本が消える日

悪夢のシミュレーション

この章は、ウイグルやチベット、香港など、現在世界で起こっている事実を基に、近未来の日本で起こり得る〝悪夢の事態〟をシミュレーションしたものである。独裁政権が支配する世の中は、米国の核の傘に甘え、国際社会で起きている現実を直視してこなかった日本人にとって、想像を絶する世界に違いない。

政権首脳の金銭スキャンダルを暴いた記者が、翌日、川面《かわも》に背中を見せながら浮いている。あるいは、「ハエも虎も叩く」というキャッチフレーズを地で行くように、政権中枢にいた幹部がある日、忽然と姿を消し、密室裁判にかけられる。これらは、小説の世界ではなく、現実世界で起きていることである。自由と民主主義という普遍的な価値観を持つ日本だが、それが永遠に続くと思ったら大間違いである。自由も民主主義もガラス細工であることは、現在の香港を見ての通りである。

「自分の国を自分たちで守る」という当たり前のことを忘れた民族が、一瞬にして世界地図から消えた例は枚挙にいとまがない。そんな日が来ないことを願いつつ、見たくない近未来の日本を覗いてみた。なお、登場する人物や団体等はすべて架空であり、フィクションである。

敵対的メディアの粛清

20XX年10月17日、東京・大手町に本社を置く保守系日刊紙「日本トリビューン」社長の田中正久容疑者が、公安当局に逮捕された。このニュースをNHKが速報した。NHKはすでに国営化され、中国共産党の傀儡《かいらい》政権と化した民主労働党に牛耳られていた。容疑は国家反逆罪（機密漏洩）だった。村上正芳首相による不正蓄財を報道した、日本トリビューンの報道姿勢が問われたもようだ。

いくら政権批判をしたとしても、新聞社のトップが逮捕されるなど前代未聞である。日本の敗戦で終わった大東亜戦争以後、連合国軍の徹底した報道統制により、日本人の精神は「1億総幼児退行」現象を見せていた。これもWGIP（War Guilt Information Program）の効用なのか。WGIPとは「戦争についての罪悪感を日本人の心に植えつけるための宣伝計画」であり、文藝評論家の江藤淳が、その存在を主張した。これによって、英米といった連合国軍をはじめ、中国や北朝鮮、韓国への批判、日本の伝統文化や皇室の礼讃を封じられ、日本人が自らの頭で判断する能力を低下させていたのだ。

実際、今でも「日中記者交換協定」なるものがあり、日本のメディアは、中国を敵視するような報道をしないことを約束させられている。敵視とまではいかないまでも、この協定が存在するせいで、中国批判に及び腰になるメディアが今でも多いのは、どうしたことか。そんな中、唯一といって良いほど客観的で、是々非々の報道に徹していたのが、日本トリビューン紙だったのである。

大東亜戦争中にさんざん軍部や国民を煽った朝日や東京日日新聞同様、朝毎新聞などの左系メディアは戦後、何を批判しても言論弾圧に遭わないのをいいことに、大衆に迎合し、新聞を売らんがために、安全な場所から好き勝手な紙面をつくっていた。日本を貶《おとし》め、弱体化させることに嬉々としていたのである。その理由は、いったいどこにあるのか。外国勢力を手引きしたいのか、単に自分で自分を痛めつけて快感を覚えたいマゾヒストなのか、それはもう、病的なほどであった。

そんな戯《ざ》れ言《ごと》が許されていた時代が長かったことを思い起こせば、日本トリビューン社社長の逮捕が、左右問わずメディアに衝撃をもって受け止められたことは、想像に難くない。

同じく17日夕、日本トリビューン社にも家宅捜索が入った。民主労働党政権になってから、自民党政権時代の警察キャリアは軒並み粛正され、警視総監は厚生労働省キャリアから起用された川田信男に代わっていた。日本トリビューン社長の田中逮捕は、川田の判断でもあった。

警視庁公安部の係官が、日本トリビューンの役員室と編集局、論説委員室の3手に分かれ、折りたたんだ段ボール箱を持って入ってきた。簡易裁判所が発行した家宅捜索令状だ。不必要と思われる書類まで一切合切、段ボール箱に詰め込む係官を、社員たちは呆然と見守るしかなかった。

翌日の新聞各紙は、日本トリビューン社長逮捕と本社への強制捜査を短く、第2社会面で伝えた。民放のテレビ局は何事もなかったかのように、いつものバラエティ番組を放映し、社長逮捕のニュースについては、まったく報じなかった。

職業訓練所という名の政治収容所

山梨県・旧上九一色村《かみくいしき》。かつて、地下鉄サリン事件を起こしたオウム真理教がサティアンと呼ばれる施設を構えていた場所だ。その一帯に、職業訓練所という名の、この施設はある。

高い塀の上には鉄条網が螺旋《らせん》状に敷き詰められ、まるで外界との接触を拒絶するかのようである。施設内の、ひときわ高い塔の最上階は、四方がガラス張りになっており、施設の内外を監視する人影が遠くからでも見えた。こうした施設は、北海道から沖縄まで、全国に100カ所近くあるとされる。

民主労働党政府は、これら施設の実態は政権に批判的な人物などを収容した政治収容所ではないか――という国内外の批判をかわすため、今回、取材陣に施設を公開した。

施設の正門には、「職業技能教育訓練センター」という大きな看板が掲げられていた。本部と思しき建物の屋上には、稲とハンマーをあしらった民主労働党の党旗がたなびいている。

赤色は革命を、黄色は光明を表す。五つの星は、労働者、農民、小資産階級、愛国的資本家、知識人を意味する。

男性の入所者はすべて、最初の身体検査で嫌というほど辱《はずかし》めを受ける。素っ裸のまま四つん這いにされ、透明なガラス棒を肛門に突っ込まれるのだ。〝検便〟である。今どき、あえて原始的な身体検査をするのは、相手の戦意や抵抗力を阻止する心理戦の一種である。

いつもはほとんど人のいないバレーボールコートからは、男女の歓声が聞こえている。当局が仕込んだ「やらせ」であろう。テレビのバラエティ番組が視聴率を上げるためによくやっていた、古典的な手法である。

施設には、職業訓練センターという名こそ付いている。だが、実態は政治収容所である。民主労働党政権や中国に批判的な知識人や言論人、政治家を集めて思想改造する。薬物を使って人格を破壊し、肉体的な虐待に及ぶのは日常茶飯事だ。収容者が臓器売買の対象として扱われているとの噂すら存在する。噂が本当だとすれば、入所時の血液検査が義務づけられているのは、臓器移植の前提となる基礎情報を採取するためかもしれない。

実際、入所後に行方不明になった者の数は少なくない。かつては、カナダの国際人権派弁護士らが調査し、定期的に記者会見を開いて、中国政府を批判していた。取り出した臓器を運搬しているのか、施設内の屋上には、赤十字のマークをつけたヘリコプターが頻繁に行き交っていた。

施設では、明治以降、令和時代まで当然のように教えられてきた日本の歴史を根底から否定し、日本人は他国を侵略してきた暴力的な民族であり、「存在そのものが悪」であるという贖罪《しょくざい》意識を、全入所者に徹底的に叩き込む。

南京大虐殺の犠牲者は、平成時代には40万人だったのが、今では80万人という数字に膨れあがっていた。さすがに、中国共産党の内部にすら、このあまりに非常識な数字には、やり過ぎとの批判の声が漏れ伝わるほどだ。

施設での暮らしも過酷だ。24時間、監視カメラに見張られ、同じ入所者との会話も、すべて盗聴されている。家族との面会は許されない。だから、半年から1年以上も消息不明という事例は珍しくない。入所していることが分かれば、まだいい方だ。本当に施設にいるかどうかも分からないというケースも少なくない。

この職業訓練施設という名の政治収容所では、拷問は当たり前だ。半殺しで両手両足の指を全部つぶされ、薬物注射されて顔が象のように肥大させられた人もいた。何より不気味なのは、施設内にある3本の巨大な煙突の存在だ。何を燃やしているのか、毎日、白い煙を吐き出している。

フェイクで塗り固めた職業技能教育訓練センターのやらせ取材は続く。取材には、常に当局の監視や尾行がつき、施設の日本人との会話に割り込み、直接の取材を受けないように圧力を加える。こうして当局が選んだ施設でやらせ取材をさせ、場所も限定的に公開するだけで、国際社会の批判を払拭できると考えているところが、いかにも時代錯誤的である。

驚くのは、かつては親中派と目され、民主労働党の協力者として知られた憲法学者や元政治家らが、囚人服のようなオレンジ色の服を着せられて、部屋に詰め込まれていたことだ。彼らがそこにいる理由は簡単だ。最も信用できない種類の人間だからだ。彼らは自らの母国を真っ先に裏切り、中国共産党に協力した人間である。

始めからワーワー批判している人間は、まだ分かりやすい。しかし、風を読もうとして権力側にすり寄る人間は、いつまた人を裏切るか分からない——というのが、中国共産党の思考様式なのである。

かつて、旧ソ連を「悪の帝国」と罵《ののし》った米国のレーガン大統領と、ソ連のゴルバチョフ書記長による、中距離核戦力全廃条約の合意は世界を驚かせた。トランプ米大統領と北朝鮮の金正恩・朝鮮労働党委員長の数回にわたる会談も記憶に新しい。このように、むしろ敵対的な人物や勢力こそ、立場を利用して国民向けに強いリーダーシップを演じている面も少なくなく、利害が一致すれば気脈は通じやすいというのが、古今東西変わらぬ政治の一断面なのであろう。

驚くのは、保守系の論客として知られたかつての政治家が、この教育センターの設立に深く関与していたことだ。訪中を重ねる間に何があったのか、彼の一族が経営する企業は、習近平時代の「一帯一路」で大儲けし、今やすっかり、中国共産党の代弁者と化していた。

あふれかえる外国人移民

少子高齢化が進み、人口が1億人を切った日本に残された政策は、海外からの移住者受け入れしかなかった。その萌芽は、日本の人口が減少に転じた2008年ごろ、すでに見られた。かつての自民党が留学生30万人計画をぶち上げ、潜在的な労働力として受け入れの旗を振った。それを今、チャイナマネーで十数年前に政権奪取に成功した民主労働党が、忠実に実行に移しているのである。

「人口の10%を移民にする」「留学生100万人構想」「永住許可要件の大幅緩和」「小中学校で多民族共生教育の実施」……。これらは、いずれも実現した。移民は1千万人を軽く超え、その半数以上が中国人だ。日本に帰化した中国人も含めれば、華僑・華人の影響力は底知れない。

留学生も200万人を優に超え、生徒のほとんどが中国人留学生という私立学校は、首都圏でも珍しくなくなった。留学生のほとんどいない私立の小中高校でも、孔子学院の付属や系列校が増え、中国共産党を賛美する教育が行われていた。「六四天安門事件」はおろか、2020年代初頭にかけて大弾圧した「血の香港事件」をも封殺し、それらを知る学生はほとんどいなくなっていた。

第二公用語は、マンダリンと呼ばれる標準中国語となっていた。かつて多くの香港人が、広東語《カントン》のほかに英語を流暢に操っていたように、現在の日本人も、日本語のほかに標準中国語を話す者が多くなっていた。

このころ、日本人の階層は、きれいに2極化していた。帰化した中国系日本人（華人）や華僑らとともに、中国語を話す民主労働党系の日本人が、支配階層として国内の富と権力を掌握していた。「きつい、汚い、危険」の3K職場で働く日本人は、旧日本人（倭族）として、2級市民の扱いを受けていた。

これが、かつての自民党政権が公明党とともに掲げていた「多文化共生社会」の、なれの果てである。当時の日本人は、いったい何をやっていたのか。やはりGHQ（連合国軍最高司令官総司令部）に洗脳されていたのだろう。国益をかけて当然言うべき主張もせず、中国や北朝鮮、韓国の言いなりになってきた、その結果がこのザマなのだ。実態は、多文化共生どころか「他文化強制」である。中国や朝鮮半島を批判することをタブー視し、日本全体が言論に萎縮した結果でもあった。

民主労働党は、自民党政権の崩壊とともに発足した。まず、コンピューターソフトウエアや超世代通信網7Gに参画し、華為技術（ファーウェイ）の子会社社長となった村上正芳会長が政界入りした。莫大な資産と華人や華僑の後ろ盾を武器に、トントン拍子で出世を重ね、与党第一党党首となったその勢いで首相となったのである。もちろん、中国共産党の傀儡である。

彼の仕事はただ一つ、中国との併合による日本解体だった。これまでに、在日米軍の撤退と、日米安保条約の破棄、中日保護防衛協定の締結までは、こぎつけた。

次の一手は、中国と朝鮮半島からの、さらなる大量移民受け入れであり、中日併合条約の締結である。完全併合までの間は、激変緩和措置として、西日本を東海省とし、東日本を倭族自治区とする、段階的な内容だ。

同時に、伝統文化や社会風俗面での「解放」も進めていく。各地の寺社仏閣を破壊し、日本人の、代々引き継がれた神代の国であるとの「戦闘的かつ野蛮な」精神文化の破壊を進めるのである。もちろん、破壊ばかりでは理解も得られまい。彼らの反乱の芽を摘むため、倭族保護法を制定することも、日程に乗せている。

中国人の大量流入でモラルは崩壊

２０ＸＸ年8月12日、東京都の西方に位置する旧米軍横田基地に、巨大な輸送機が降り立った。中国人民解放軍の空軍が誇る最新鋭の運50だ。かつて中東で活躍した米空軍の大型輸送機

C17を模した改造型だ。

後方のカーゴドアから、米陸軍ハンヴィーとそっくりな軍用車両に続き、迷彩服を着た解放軍将兵らが降り立った。例の中日保護防衛協定の発効とともに、中国人民解放軍の先遣隊が乗り込んできたのだ。迎えるのは、民主労働党政権の森宗助官房長官らだ。これを、テレビのニュースが大々的に伝えた。

そのころ、日本各地のほとんどすべての空港に中国国旗をつけた大型旅客機が舞い降りて、私服姿の人民解放軍兵士らとその家族など、大量の中国移民を吐き出していた。

数十年前、すでに旧埼玉県川口市エリアの芝園団地や千葉市美浜区の県営・市営住宅には日本人住民を超える数の中国人が移住していたが、今やモノの数ではない。都心の高級高層マンションは、ほぼ全世帯が富裕中国人で占められ、青山、表参道、赤坂、麻布、六本木といった一等地も、少し離れた三軒茶屋、中目黒、さらには双子玉川、たまプラーザなどといった、かつてのベッドタウンも、軒並み中国人らに占拠されてしまったのだ。

かの芝園団地は、今や巨大な超高層マンションが2棟建ち並び、ITタウンの中心地として活況を呈していた。千葉市美浜区も県営・市営住宅はすべて取り壊され、液状化現象も何のそので、巨大な高層マンションが20棟も建設され、巨大なチャイナタウンと化していた。

東京のような元々日本人住民が多いところは、それでもまだ、中国人の人口圧力を多少なりとも飲み込むだけの吸収力はある。そうはいかないのが地方だ。中心都市は軒並み中国人らが大量に移住し、民主労働党政権に入り込んで、地方議会を乗っ取っている。その爆発的な増え方は、まさにネズミ算式であり、ゲリラ豪雨並みの破壊力をもって地方都市を席巻していった。

京浜工業地帯は、環境保護などどこ吹く風の煤煙放出でスモッグが消えず、国籍を問わず、ぜんそくが大きな社会問題となっていた。交通網も混乱の極みだ。首都高速道路は、荒い運転や軍用車両の優先で、衝突事故や渋滞が絶えない。高度かつ緻密に張り巡らされた地下鉄も、うまく使いこなすことができなくなり、信じがたい正面衝突事故や脱線、運休が相次ぎ、怒号や怒声が飛び交う様は日常茶飯事だ。

新幹線の脱線や追突事故も珍しくなくなった。数年前には、脱線後に高架から落下した車両には、まだ小さな子どもら生存者がいたにもかかわらず、巨大重機で事故車両を埋め立ててしまうという事件も起きている。

市民の生活もデタラメだ。日本の習慣を学んだ古くからの中国人移民らは、まだゴミの分別などもできるが、ここ数年来、どやどやと大量にやってきた中国人には、ゴミの分別どころか、ゴミをまともに捨てることすらできない。このため、ゴミは自宅やマンション路上に山積みとなり、悪臭、異臭が街中いたるところで発生していた。

政府がどれだけ啓発活動を行っても、トイレを我慢できなくなった子どもに路上で糞尿させるのは当たり前で、地下鉄の車両や路線バスの車内で排泄させる若い親なども珍しくなくなっていた。しかも、それを注意すると逆ギレする。彼らを注意したまともな中国人男性に、注意されて逆ギレした新参者の中国人女性が殴りかかって、逆に反撃をくらう光景など、見ない日の方が少ないほどである。

農村部も、ほとんど中国人だ。中華人民共和国建国から100年近く経ってもなお、変わらないのが、中国人特有の「自分ファースト」なのか。自分が儲かれば何をやっても構わないとばかりに農薬を大量に使用し、毒まみれの飼育豚やニセ和牛、日本由来のシャインマスカットも堂々と大量栽培して、販路を拡大していった。

河川の汚染は進み、森林は枯れ、土地は変色していった。こうして、かつて日本人が国を挙げて克服した公害の何百倍もの災厄が、日本列島を包み込んでいったのである。

しかし、こうした実態も、報道管制により、市民の目に触れることはない。だがその裏で、原子力発電所や火力発電所、水力発電所、変電所、浄水場、ガスタンクといったインフラ施設は、中国共産党政権の傀儡となった民主労働党政権下の武装警察部隊に占拠されていった。その周囲で、日本人民解放軍警備隊が不審者の侵入に目を光らせ、通行車両の検問を実施していた。

倭族自治区と日本の分割統治

20XX年8月15日、日本国内に激震が走った。

中国人民解放軍幹部を3日前、旧米軍横田基地に出迎えたばかりの森宗助官房長官が不正蓄財の容疑で逮捕されたのに続き、村上正芳首相が外患誘致罪で逮捕され、公開審理もないまま、その日のうちに処刑されてしまったのだ。

これを主導したのは、民主労働党の藤岡達也・党代表代行ら、反主流派の面々だ。軍事・経済・金融を中国共産党に押さえられた日本は、すでに司法までも乗っ取られていた。中日保護防衛協定に基づいて進駐していた在京の中華人民共和国最高司令官総司令部（中華ＧＨＱ）は、今回のクーデターで民主労働党を乗っ取った藤岡一派を、巧みに操っていた。いや、巧みにとは言ったが、藤岡らを操るのは簡単である。政財界の要人を動かす1千億円程度のつかみ金と、女の数人も与えておけば、言うことを聞く。わが人民共和国をないがしろにし、アメリカと勝手に原油、天然ガス輸入協定を結ぼうとした森と、北海道分割統治をめぐりロシアと通じた疑いのある村上をしょっぴくのは、わけのないことだ。

中華ＧＨＱがさっそく動く。真夏の強い日差しが照りつける中、かつて旧米軍関係者や在京米大使館らが居住していた東京・赤坂の住宅街に、藤岡らを秘密裏のうちに呼び出し、中日併合条約に向けた手続きについて謀議した。

そして、藤岡らの身辺と私有財産の保護を約束し、併合後、日本列島の西半分を東海省、東半分を倭族自治区として統治することで概略の合意を得た。境界線は岐阜県南西端、伊吹・鈴鹿両山地に挟まれた小盆地にある関ヶ原。戦国時代の17世紀、天下分け目の戦いが繰り広げられたところだ。

もちろん、民主労働党はじめ、既存の政党はみな、中日併合条約の締結とともに解体させられる。政党だけではない。寺社仏閣もターゲットにされた。かねての予定通り、倭族（日本人）に軍国主義を復活させる土壌になりかねないとして、速やかに全国すべての寺社仏閣を破壊することが取り決められた。靖國神社にはその日のうちに重機が入り、本殿から隣接の遊就館まで、あっという間に更地にされてしまった。

条約の署名式は、東京・永田町の首相官邸で行われ、中華人民共和国の林沢虎首相と藤岡達也・倭族自治区臨時首相代理の間で交わされた。藤岡は直後の記者会見で、得意満面の笑みを浮かべながら、「私は人民解放軍の野戦司令官のようなものだ」と、ひとり悦に入っていた。

しかしこの藤岡も、ほどなくして逮捕された。村上正芳首相と同じ、外患誘致罪だ。得意の絶頂にあった藤岡の、あっけない最後だった。

彼は、共産党独裁政権がどういう体質かを、まったく理解していなかったのだ。ひとたび共産党に忠誠を誓い組織の一員となった以上、一寸先は闇だ。言論、人脈、金脈を駆使した権謀術数は、三国志の時代から引き継がれてきたＤＮＡでもある。何を言っても身辺の安全が保障される島国でぬくぬく育ち、「小物界の大物」に過ぎなかった藤岡は、しょせん中国共産党の相手ではなかったのである。

藤岡の逮捕・処刑で、倭族自治区を完全掌握した中国共産党政権が一気に動く。相手はロシアだ。

そのころ情勢は、日本と朝鮮半島の権益をめぐりロシアとの確執が抜き差しならないところまで来ていた。アメリカが手を引いた後に生じた「力の空白地帯」となった日本列島は、まさに独裁国家による草刈り場と化していたのである。日本海では、中国海軍のイージス艦がロシアの長距離爆撃機を撃墜する事件が発生していた。倭族自治区の領空を侵犯したというのが、その理由だ。

ロシアもすぐに反応した。太平洋で中国の漢級原子力潜水艦を撃沈し、それを公には否定し、何食わぬ顔をしたのだ。怒り心頭の中国共産党政権は、限定的なロシアとの武力衝突もやむなしと判断し、倭族自治区の北海道と新潟、佐渡島に人民解放軍の精鋭部隊を展開させた。

しかし、ほどなくして中露休戦協定が結ばれた。返す刀で中国共産党政権は、在日米軍を含めてハワイ以西の西太平洋から撤退していた米国とも、中米不可侵条約の締結に成功した。

米国は、数十年前にトランプ大統領が一国平和主義を唱えて北米大陸を立て直した後、その反動で急進左派政権が誕生していた。その後、ヒスパニック系の大統領と、白人、黒人の大統領が交互に数期続いた後、現在は中国系の女性大統領が誕生していた。精華大卒、ハーバードの大学院でコンピューターサイエンスを修了した才媛で、国連大使から民主党代表として大統領選に出馬し、キューバ移民の子孫でフロリダ州知事だった共和党候補を大差で破り、当選していた。

こうした間も、李公平国家主席が率いる中国共産党政権は、息つく暇もなく、駒を前に進めた。北海道の一部、北西部の留萌から東部の釧路を結ぶ線より以北をロシアに割譲する代わりに、中国による、グリーンランドのカナダ側に面した西部の港湾使用を認めさせることで合意したのだ。同時に、魚介類のほか、亜鉛、銅、鉄、氷晶石、モリブデン、金、プラチナ、ウランといった鉱物資源の採掘権も得た。このグリーンランドは、かつてトランプ米大統領が買収に意欲を示したことがあったが、北極圏での中国の影響力拡大を嫌ったロシアがデンマークを保護国化した際に、占領していた。

一方、割譲した北海道の一部だが、釧路は、中国が進めてきた一帯一路の東端だ。北極海と太平洋に抜ける重要拠点であるため、さすがの中国も、釧路市は渡さなかった。そこで、ロシア軍部隊は上陸させないが、治安維持のための武装警察部隊の駐留は認める——という条件で割譲したのである。

実は、1945(昭和20)年、第二次世界大戦後の日本の分割統治をめぐり、旧ソ連のスターリンがトルーマン米大統領に提案したのが、この留萌〜釧路線以北のソ連による分割統治だった。当時はトルーマン大統領の拒否で実現しなかった要求が、1世紀以上たって実現した。このライン以北に住んでいた倭族(旧日本人)は、厳しく移動を禁じられ、そのままロシア国民となった。家族や親戚は分断された。

もともと、宇宙、サイバー、電磁波の世界で覇権を確立している中国である。昔ながらの地政学的見地から、米国、ロシアとの国境線を固めた後の次なる目標は、倭族自治区の完全制圧と東北省化である。やるべきことはただ一つ。皇室の断絶だ。これまで日本人の感情に配慮して存続させていた皇室を、世界史と日本史から葬り去ることだった。

皇室の断絶

中国共産党の日本列島統治の最終形態、それが皇室の断絶だ。2700年続いた神代の国の終焉である。数十年前、名古屋で開かれた芸術祭で、昭和天皇のご真影を焼く作品が公金を使って展示され、国民の激しい批判を受けて、わずか3日間で閉幕したことがあった。何も、中国共産党に限った話ではないのである。日本人の中にも、皇室を敬う気持ちどころか、戦犯扱いして憎しみの対象とする人々がいたのだ。

あの当時に比べ、保守派の言論人や政治家を大量に粛正し、共産党の独裁統治下となった倭族自治区で、このような催しを実行するのは難しいことではなかった。むしろ、手引きする倭族勢力がいる分、ハードルは下がっている。

「ハエも虎も叩く」として軒並み政敵を粛正した、かつての習近平国家主席を崇拝する現在の李公平国家主席に、ためらいはなかった。反発する倭族の感情など簡単に封じ込めることができると判断したら、早かった。

20XX年晩秋の朝、すでに皇居を明け渡して那須高原の御用邸に身を寄せていた天皇皇后両陛下の居住エリアに、中国国旗をはためかせた軍用車両が乗りつけた。正面玄関で応対する執事を無言のまま振り払い、土足のままリビングに乗り込んだ王旗陸軍大佐。静かに応対した天皇皇后両陛下に黙って逮捕令状を見せると、そのまま無言で自宅を出るよう促し、装甲バスに乗るよう誘導した。女官や執事たちは、両陛下を乗せた車両が静かに去っていくのを、悲しげな表情で見送ることしかできなかった。

数日後、これらを実行した王旗大佐とその一行はみな、情報漏洩による軍事情報隠蔽虚偽報告罪で、身柄を拘束されていた。王大佐が収監途中に天皇皇后両陛下と私語を交わした、という一行からの密告による。しかし密告した者も、同罪で逮捕された後、所在不明となった。

この経緯を知る者は、北京政府のほんの一握りと、在京の中華GHQ首脳だけ——のはずだった。だが、厳重な報道管制にもかかわらず、情報は漏れていた。大気圏外を周回する中国の偵察衛星を英米の衛星が捕獲、情報を抜き取ると同時に破壊していたのだ。

こうして英BBCニュースが、天皇皇后両陛下が身柄を拘束されていることを速報で伝えた。

ファイブ・アイズは生きていたのだ。

ファイブ・アイズとは、文字通り「5つの目」という意味である。UKUSA《ウクサ》協定と呼ばれ、英米を中心とした5カ国の諜報に関する協定の通称だ。加盟各国の諜報機関が傍受した盗聴内容や盗聴設備などを共有・相互利用するための協定で、英米両国のほか、カナダ、オーストラリア、ニュージーランドの5カ国間で締結されている。

華為技術（ファーウェイ）の通信網をかいくぐり、英米の偵察衛星と通信傍受、ヒューミントのすべてを動員した戦いは今、始まったばかりだ。西太平洋、東アジアから手を引いたはずの米国だが、中国系女性大統領には報告を上げず、国防総省が自らの判断で動いたのだ。

北京政府は、これを内政干渉であるとして「激しい憤り」を表明するとともに、「第三国による、いかなる恫喝にも屈しない」「わが国の核心的利益である倭族自治区と東海省に介入することがあれば、一戦も辞さない」との強硬姿勢を示した。中国人民解放軍の朱永徳中将は官製の記者会見で、個人的見解とした上で、こう語った。

「米国はワシントン、ニューヨークといった各都市に核の雨を降らせたいのか？　わが国はトンキン（東京）を犠牲にしてでも、米全土を核攻撃する能力を持っている」

朱中将に言われるまでもなく、米英の原子力潜水艦はトンキン（東京）、ベイジン（北京）に核ミサイルの照準を合わせている。唯一の被爆国である日本が、中国の一部となり、自治区となった今、広島・長崎に原爆を落とした米国から再び核攻撃の脅威にさらされているのは、歴史の皮肉としか言いようがない。

ＢＢＣは同時に、北京市郊外で連続爆破事件が発生したことを伝えた。米国の偵察衛星は、台湾省の省都・台北と、香港、上海でも同時多発的にインフラを狙った爆破事件が起きていることを捉えていた。

こうした、中国共産党による世界戦略の先行きを暗示するような出来事が、各地で起き始めていた。だが、倭族自治区における日本統治計画は粛々と進められ、主のいなくなった那須の御用邸は、跡形もなく解体された。

あの日いらい、天皇皇后両陛下のお姿を見た者は、だれもいない。

おわりに

19世紀、大英帝国の旅行家イザベラ・バードは自著『朝鮮紀行』で、清朝時代の北京は鼻がひん曲がるほど糞尿臭い。臭さにおいては世界最悪と思えた李氏朝鮮統治下の京城《ソウル》の上を行くと書いた。

「城内ソウルを描写するのは勘弁していただきたいところである。北京を見るまで私はソウルこそ、この世で一番不潔な町だと思っていたし、ソウルの悪臭こそこの世でいちばん酷い匂いだと考えていた。都会であり首都であるにしては、そのお粗末さはじつに形容しがたい」

それが今も変わらないというのだから、因果はめぐる糸車である。日本国内のチャイナ団地では糞尿臭さが日常茶飯事だが、現代の北京は「エアポカリプス」に閉ざされ、周辺国にその害悪を撒き散らしている。

「エアポカリプス」とはよく言ったものだ。これは、「大気汚染による世界終末」とも言うべき災厄を意味し、悪臭を放つ煙霧に覆われた北京のことを言うそうだ（『CHINA2049』マイケル・ピルズベリー著、日経BP社）。ちなみにエアポカリプスとは、エア（大気）とアポカリプス（黙示録）を合体させた造語である。

2019年夏、密林を中心とした森林火災がやまぬ南半球のアマゾン流域が酸素を産み出す「地球の肺」であるならば、反吐《へど》が出そうなくらいに嫌な臭いに覆われているのが、「北半球の焼却炉」とも言うべき北京である。その破壊力はすさまじい。エコノミスト誌の調査では、1990（平成2）年から2050（令和32）年の間の中国によるCO_2（二酸化炭素）排出量は、産業革命の始まりから1970（昭和45）年までの全世界の累積排出量とほぼ同じ、約5千トンに達すると予測されている。

OECDは、「増える一方の工場や、自動車の排気による大気汚染のせいで、世界全体で毎年200万人から360万人が早死にするだろう。その大半は、中国とインドで発生する」と予測する。中国からのスモッグや煤煙は、何日も日本を覆った。その大気汚染は太平洋を渡り、米西岸のカリフォルニア州の粒子状物質汚染の29％が中国由来だと指摘している。

こぎ続けなければ倒れてしまう自転車のように、成長し続けなければ瓦解してしまう中国共産党独裁政権にとって、環境は二の次である。政権維持のためには、地球が窒息しようが息絶えようが、われ関せず。あたかも、ガン細胞が宿主を殺すがごとくである。今も福岡市は、毎日のようにPM2・5の予報をやっている。ほとんどが中国由来であろう。

何より恐いのは、環境対策をおざなりにして成長ファーストに突き進む中国が、早ければ2049年、その夢を実現することだ。中国中心の世界では、主人の言うことを何でも聞く中小独裁国家が跋扈し、これらの国々も、中国の成長優先、環境破壊モデルを踏襲するであろうことだ。

ぷっくらと身が肥え、何を食べさせて育てたのか分からぬ中国産の養殖うなぎや、かつての毒入り冷凍ギョーザに代表されるまでもなく、食の安全や環境保護はますますないがしろにされ、より多くの国が環境汚染の被害にさらされることになる。誤解されないように言っておくが、中国産の養殖うなぎが毒だと言っているのではない。何を食べさせているか、消費者として店頭で買うときには、そこまで分からないという意味である。

陸海空に宇宙、サイバー、電磁波といった空間で覇権を確立する中国に対し、自由世界の打つ手がなくなったとき、わが国は完全に中国の属国と化し、2級市民に成り下がるだろう。そんな中国一強の世界は想像したくないし、決して「私たちが心待ちにする未来などではない」はずだ（前出ピルズベリー氏）。

今回、第七章こそ、近未来を想定したフィクション仕立てにしている。だが、その他の章はすべて、行くことのできる現場には行き、筆者が直接見聞きしたことをまとめたものだ。この書を手にとった方は、いま日本や世界で何が起きているのか、そして、第三章で取り上げた長野朗の分析によって、中国人（支那人）の民族性や共産党の企てについても、多少なりとも分かっていただけたかと思う。

本書では、チャイナ団地での騒音や外国人による医療費のタダ乗りといった社会福祉詐欺のほか、中国による一帯一路のターゲットにされた北海道釧路市や苫小牧市、中国を主とした外国資本による北海道などでの土地の爆買い、大阪・西成区の新中華街構想――などを取り上げてきた。

彼らに共通するのは、表向きは合法的なビジネスとして経済活動を行っていることである。それを不安だ、懸念だと日本人にあれこれ言われても、日本占領、地域のチャイナ化など、裏の目的を持っていない中国人にとっては、迷惑以外の何ものでもないだろう。仮に戦略的に裏の目的を持っていたとしても、日本の国内法に違反しないのであれば、たとえそれが不適切な行為であっても、日本人から何かを言われる覚えはない――と反論したくなるだろう。

つまり、結局は、われわれ日本人の問題なのである。医療費のタダ乗りなどは、合法とはいえ、明らかに不適切で、保険料をきちんと払っている日本人からみたら公平さを欠く。それは、法律が目の前の現実に追いつかず、未整備のまま放置されているからである。

改正すべきは改正し、蛇口を絞るべきは蛇口を絞る。そんな当たり前のことができない日本人は、さきの大戦から74年経ってもなお、自分で自分の脇を締めようという当然のことに頭が回らないようである。それは、今だけではなく、将来を見通すことができなかったり、あるいは見通すことができても、あえて見ようとしない、精神的怠慢に根ざしているのではないだろうか。

本稿執筆中の9月下旬、日本ではラグビーのワールドカップ（W杯）が開催されている。国籍の違うメンバーが日本代表の「桜ジャージ」を着て日の丸のために戦う。これこそが、真の意味での多文化共生であり、移民国家の理想形なのだと思う。「多文化共生社会は空論」（西尾幹二氏）であり、「必要なのは同化主義」というエマニュエル・トッド氏の言葉が、このラグビー日本代表を見ていて甦《よみがえ》る。

今、少なくない人が、わが国の置かれた危険な立ち位置に気づき始めている。ざわざわした嫌な予感は、いずれ目に見える脅威となって現われるだろう。そのとき慌てても遅いのである。ノアは、雨が降る前に箱船をつくったことを、今いちど想起してほしい。

本書は、産経新聞の論説委員として取材や執筆をしながら書き下ろした。講演会を含む紙面以外の言論活動に理解を示してくれた職場の上司、同僚に、この場を借りてお礼を言いたい。また、ツイッターなどで絶えず情報を提供していただいたり、執筆を励ましていただいたハート出版の日高裕明社長、辛抱強く執筆が終わるのを待っていただいた編集長の是安宏昭氏と同社のみなさま方に、深く御礼を申し上げたい。

◇著者◇
佐々木 類（ささき・るい）

1964年、東京都生まれ。

早稲田大学卒業。産経新聞・論説副委員長。

大学卒業後、産経新聞に入社。事件記者として、警視庁で企業犯罪、官庁汚職、組織暴力などの事件を担当。地下鉄サリン事件では独自の取材網を駆使し、オウム真理教を刑事・公安両面から追い込むなど、特ダネ記者としてならす。

その後、政治記者となり、首相官邸、自民党、野党、外務省の、各記者クラブでのキャップ（責任者）を経て、政治部次長に。

この間、米紙「USA TODAY」の国際部に出向。米バンダービルト大学 公共政策研究所 日米センターでは、客員研究員として日米関係を専門に研究した。

2010年、ワシントン支局長に就任。その後、論説委員、九州総局長 兼 山口支局長を経て、2018年10月より論説副委員長。

尖閣諸島・魚釣島への上陸、2度にわたる北朝鮮への取材訪問など、徹底した現場主義を貫く一方で、100回以上の講演をこなし、論説委員時代には、読売テレビ「たかじんのそこまで言って委員会」に出演するなど、産経新聞屈指の論客として知られる。

著書に『静かなる日本侵略』（ハート出版）、『日本人はなぜこんなにも韓国人に甘いのか』『DJトランプは、ミニ田中角栄だ！』（アイバス出版）、『新・親日派宣言』（電子書籍）、共著に『ルーズベルト秘録』（産経新聞ニュースサービス）などがある。

日本《にほん》が消《き》える日《ひ》

令和元年11月22日　第1刷発行
令和2年3月29日　第3刷発行

著　者　佐々木 類
発行者　日高裕明
発　行　株式会社ハート出版

〒171-0014 東京都豊島区池袋3-9-23
TEL03-3590-6077 FAX03-3590-6078
ハート出版ホームページ　http://www.810.co.jp

ISBN978-4-8024-0085-5　印刷・製本 中央精版印刷株式会社

静かなる日本侵略

中国・韓国・北朝鮮の日本支配は ここまで進んでいる

佐々木 類 著

ISBN 978-4-8024-0066-4　本体 1600 円

日本が危ない！ 一帯一路の罠

マスコミが報道しない中国の世界戦略

宮崎正弘 著

ISBN 978-4-8024-0073-2　本体 1500 円

犠牲者120万人　祖国を中国に奪われたチベット人が語る

侵略に気づいていない日本人

ペマ・ギャルポ 著

ISBN 978-4-8024-0046-6　本体 1600 円

アメリカ人が語る日本の歴史

日本に迫る統一朝鮮《コリア》の悪夢

マックス・フォン・シュラー 著

ISBN 978-4-8024-0074-9　本体 1500 円

軍艦島　韓国に傷つけられた世界遺産

「慰安婦」に続く「徴用工」という新たな「捏造の歴史」

松木國俊 著

ISBN 978-4-8024-0065-7　本体 1500 円

日本の南洋戦略

南太平洋で始まった 新たなる〈戦争〉の行方

丸谷元人 著

ISBN 978-4-89295-927-1　本体 1900 円

近世日本は超大国だった

強く美しい日本の再生復活を阻む「三つの壁」

草間洋一 著

ISBN 978-4-8024-0091-6　本体 1500 円